MW01487866

Después de haber

y de verlo llevar a

mí, algo tengo claro: Él sabe cómo llegar al trono de Dios. *Un guerrero de rodillas* lo ayudará a graduarse en la Universidad de la Guerra Espiritual con un título en ORACIÓN.

—Tommy Barnett
Autor y pastor titular de
la Phoenix First Assembly of God
Rector de la Southeastern University

El destino es de aquellos que oran. Para una iglesia débil de rodillas, el camino al cielo comienza arrodillándose. David Ireland ha escrito un poderosa jeremiada sobre el lado positivo de la derrota y el poder que reciben los "guerreros" que se atreven a orar cuando todo parece estar perdido. Si usted no creía esto, lo creerá después de leer *Un guerrero de rodillas*. La mejor manera de ver las cosas no es estando de puntillas, sino de rodillas.

—Leonard Sweet
Autor del éxito de ventas,
The Gospel According to Starbucks
Profesor de la Universidad Drew y
de la Universidad George Fox
Colaborador de Sermons.com

Dios ha usado a David Ireland para comunicar su Palabra con una pasión inusual y la unción del Espíritu Santo.

—Jim Cymbala
Autor y pastor titular de The Brooklyn Tabernacle

Hace unos años, durante un estudio sobre la oración, Phillips Brooks, el Obispo Episcopal de Massachusetts, dijo que "la oración no es la conquista de la renuencia de Dios, sino valernos de su voluntad". Esta declaración ha sido citada en muchos libros, incluyendo *Systematic Theology* de Augustus Strong. He descubierto que algunos libros inspiran, otros educan, y algunos otros motivan. Muy pocos hacen todo esto a la vez. *Un guerrero de rodillas* es uno de ellos. El Dr. Ireland hace un estudio profundo sobre la oración que merece ser leído mientras se está de rodillas, y así no tendrá que ir muy lejos con el fin de implementar las profundas y simples instrucciones que lo convertirán en un guerrero de rodillas. Como su pastor durante más de dos décadas, puedo dar fe de la validez de su propia vida de oración, la cual fluye de este libro hacia nuestros propios corazones.

—Obispo Dr. Joseph L. Garlington

Pastor titular de la Covenant Church of Pittsburgh

Autor de *Worship: The Pattern of Things in Heaven*

El Dr. David Ireland ha sido un líder y maestro extraordinario en el tema de la intercesión. Pocos pastores han enseñado, moldeado y convocado a miles de líderes alrededor de la centralidad de la intercesión, como el Dr. Ireland. Este libro representa décadas de lecciones aprendidas.

—Dr. Mac Pier

Autor de *Spiritual Leadership in the Global City*

Presidente de The NYC Leadership Center

Fundador de Concerts of Prayer Greater New York

Recuerdo que cuando conocí al Dr. David Ireland hace casi dos décadas, pensé: *Este hombre es un líder y comunicador del evangelio inteligente, que ama a Jesús, muy organizado y dotado.* La muy diversa preparación académica del Dr. Ireland como ingeniero, así como teólogo, le permite hacer arquitectura bíblica con temas complejos de la Escritura. Es un hombre con una integridad y pasión obvias. Él le bendecirá, le desafiará y le alentará, independientemente del contexto. Yo recomiendo ampliamente a mi amigo el Dr. David Ireland.

—Dr. Samuel R. Chand
Autor, *Cracking Your Church's Culture Code*
www.samchand.com

Cada enseñanza del Dr. Ireland tiene el detalle y la sabiduría de un doctorado, pero también el amor y la compasión de un niño.

—Kurt Warner
Jugador profesional retirado de fútbol americano

Un Guerrero de Rodillas

Dr. David D. Ireland

La mayoría de los productos de Casa Creación están disponibles a un precio con descuento en cantidades de mayoreo para promociones de ventas, ofertas especiales, levantar fondos y atender necesidades educativas. Para más información, escriba a Casa Creación, 600 Rinehart Road, Lake Mary, Florida, 32746; o llame al teléfono (407) 333-7117 en Estados Unidos.

Un guerrero de rodillas por David Ireland
Publicado por Casa Creación
Una compañía de Charisma Media
600 Rinehart Road
Lake Mary, Florida 32746
www.casacreacion.com

No se autoriza la reproducción de este libro ni de partes del mismo en forma alguna, ni tampoco que sea archivado en un sistema o transmitido de manera alguna ni por ningún medio— electrónico, mecánico, fotocopia, grabación u otro—sin permiso previo escrito de la casa editora, con excepción de lo previsto por las leyes de derechos de autor en los Estados Unidos de América.

A menos que se indique lo contrario, el texto bíblico marcado ha sido tomado de La Santa Biblia, Nueva Versión Internacional® NVI® Copyright © 1999 por Bíblica, Inc.® Usado con permiso. Todos los derechos reservados mundialmente.

El texto bíblico marcado RVR1960 ha sido tomado de la versión Reina-Valera © 1960 Sociedades Bíblicas en América Latina; © renovado 1988 Sociedades Bíblicas Unidas. Utilizado con permiso. Reina-Valera 1960® es una marca registrada de la American Bible Society, y puede ser usada solamente bajo licencia.

El texto bíblico marcado con NTV ha sido tomado de la Santa Biblia, Nueva Traducción Viviente, © Tyndale House

Foundation, 2010. Usado con permiso de Tyndale House Publishers, Inc., 351 Executive Dr., Carol Stream, IL 60188, Estados Unidos de América. Todos los derechos reservados.

El texto bíblico marcado con LBLA ha sido tomado de la Biblia de las Américas © Copyright 1986, 1995, 1997 por The Lockman Foundation. Usada con permiso.

Traducido por: Ernesto Giménez
Director de Diseño y diseño de la portada: Justin Evans

Originally published in the U.S.A. under the title:
The Kneeling Warrior;
Published by Charisma House, a Charisma Media Company
Copyright © 2013 David Ireland
All rights reserved

Copyright © 2016 Casa Creación
Todos los derechos reservados

Visite la página web del autor: www.davidireland.org

Las personas y los incidentes en este libro han sido creados por el autor basándose en sus experiencias en sesiones de consejería. Los nombres y detalles de las historias han sido cambiados, cualquier similitud entre los nombres y las historias descritas en este libro con personas conocidas por los lectores es pura coincidencia.

Aunque el autor hizo todo lo posible por proveer teléfonos y páginas de internet correctas al momento de la publicación de este libro, ni la editorial ni el autor se responsabilizan por errores o cambios que puedan surgir luego de haberse publicado.

Library of Congress Control Number: 2015956448
ISBN: 978-1-62998-851-1
E-ISBN: 978-1-62998-873-3

Impreso en los Estados Unidos de América
16 17 18 19 20 * 7 6 5 4 3 2 1

A la congregación de la Christ Church, que durante más de veinticinco años se ha esforzado por hacer de nuestra iglesia una casa de oración para todas las naciones.

Contenido

Prefacio

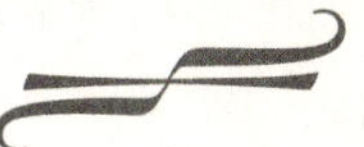

USTED TIENE UN LIBRO SORPRENDENTE EN SUS manos. No podrá seguir siendo el mismo después de leerlo. Ha sido escrito por uno de los pastores más brillantes hoy por hoy en Estados Unidos. El Dr. David Ireland ha logrado producir un libro que es tanto sencillo como profundo a la vez, y que no solo le enseñará cómo orar, sino que le producirá el *deseo* de orar. Combina una erudición sin pretensiones con una espiritualidad profunda y una pasión transparente. Es una obra de mucha investigación, que cita a conocidos personajes de la historia de la Iglesia que nos harán sentir que no estamos solos en nuestro deseo de ser personas de oración.

Mi mentor, el Dr. Martyn Lloyd Jones, me mostró un plan de lectura de la Biblia que se convirtió en algo fundamental en mi vida devocional. El libro del Dr. Ireland le motivará a tener una vida de oración fortalecida basada tanto en la lectura de la Biblia como en el tiempo a solas con Dios. El resultado será que usted experimentará la presencia de Dios en su vida devocional diaria y en su caminar con Dios. El objetivo es que usted disfrute de la presencia inmediata de Dios. Este libro, leído de manera atenta, le llevará a experimentar precisamente eso. De la mano de los mejores guerreros de oración del pasado, este libro le ayudará a experimentar la intimidad con Dios que alcanzaron muchos grandes santos. Tal vez lo mejor de todo es que cualquiera, incluso los cristianos más débiles, se sentirán motivados a tener una relación con Dios que jamás pensaron que podrían lograr.

El Dr. David Ireland es uno de los hombres más insusuales que he conocido. Él es el pastor de la increíble Church Christ en el área norte de Nueva Jersey, con sedes en y alrededor de Montclair, Nueva Jersey. Él y su esposa Marlinda, solo pueden ser calificados como personas excepcionales. Él tiene un doctorado, y su esposa pronto recibirá uno también. Su iglesia ha experimentado un maravilloso crecimiento en un corto período, lo que refleja un ministerio que defiende explícitamente la Biblia como la Palabra de Dios. Pero hay más. A través de su predicación, su iglesia ha venido experimentado un sentido cada vez mayor de la presencia de Dios. Su ardiente deseo es ver un verdadero avivamiento tanto en su iglesia como en el área de Nueva York. Y eso es exactamente lo que usted podrá saborear al leer este libro: un verdadero avivamiento en su corazón.

Algo que me encanta, es que David Ireland y yo tenemos similitud en nuestra visión y objetivos. Él ha buscado hacer que la predicación de la Palabra sea el centro de la adoración en medio de la emoción de la adoración y el canto. Él desea combinar la Palabra y el Espíritu en su ministerio, sostenimiento sanas doctrinas evangélicas con el poder manifiesto del Espíritu

Santo. Y hay otra visión que tenemos en común: él quiere que su iglesia refleje la misma diversidad étnica de la población que vive en el norte de Nueva Jersey. La primera vez que prediqué para él, su iglesia me recordó a la Westminster Chapel.

Mi predicción es que este libro se convertirá en un clásico junto con los mejores libros de oración en la historia de la Iglesia. Este libro honra a Dios, y estoy seguro de que Satanás lo va a odiar. William Cowper dijo: "Satanás tiembla cuando ve, incluso al más débil de los santos, de rodillas".

—Dr. R. T. Kendall
Ministro de la Westminster Chapel (1977–2002)

Introducción

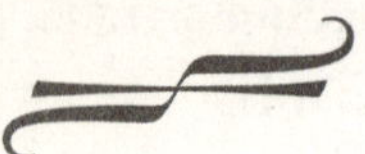

EL ÉXITO EN LA VIDA EXIGE MILITANCIA; militancia espiritual. La victoria en el mundo físico requiere triunfo en el espiritual. Nos guste o no, un verdadero cristiano está llamado a luchar. Y hay mucho que perder si no luchamos. Nuestro destino, el propósito de la vida, y la influencia en las almas de aquellos bajo nuestra influencia, penden de un hilo. Ellos están esperando desesperadamente a que nuestro grito de victoria resuene desde el campo de batalla de la vida: nuestro refugio de oración. El futuro de nuestra familia, el lugar que nuestros hijos tendrán en la sociedad y las promesas de Dios deben todas ser ganadas a través de nuestras oraciones, el ayuno y el ejercicio de otras tácticas bíblicas de guerra espiritual.

El gran predicador inglés Charles H. Spurgeon dijo: "Yo tomo una promesa y medito en ella. La sacudo un poco y a veces la fruta fresca cae sobre mi mano. En otras ocasiones la fruta aún no está lista para caer, pero no me doy por vencido hasta que la recibo".[1] Sin embargo, los instintos guerreros de muchos devotos seguidores de Cristo pueden opacarse. A veces nos quedamos de brazos cruzados mientras un malvado tirano destruye nuestras finanzas, arrebata nuestra salud, acaba con nuestro matrimonio, y nos aleja de las promesas de Dios. Debemos oponernos valientemente a este tipo de complacencia espiritual. El enemigo de nuestras almas se llevará tranquilamente todo aquello que Dios ha destinado para nosotros mientras nos mantengamos en el papel de víctimas pasivas.

Si utilizamos un seguro de vida para proteger nuestras familias y un seguro para protegernos como conductores, pensemos en lo que pasaría si utilizamos la fe para proteger las promesas de Dios en nuestras vidas. Probablemente nos convertiríamos en una gran amenaza para el reino de la oscuridad y una mayor ayuda para el Reino de la luz. Si usted se está preguntando: "¿Cómo puedo utilizar la fe para proteger las promesas de Dios?", ¡la respuesta se encuentra en este libro!

Leer *Un guerrero de rodillas* es un paso importante para convertirnos en campeones de las promesas de Dios. Como Abraham, Moisés, Gedeón, Rut y David, usted estará dando un paso para asegurar lo que Dios tiene para usted. Este tipo de convicción tenaz es fundamental para llevarnos a la galería de la victoria junto a estos campeones espirituales, y otros menos populares, como Simeón, Jefté y Ester. Todos tenían dos cosas en común: En primer lugar, no temblaban ante la oposición. Y en segundo lugar, tomaron parte activa en la guerra espiritual para asegurar las cosas que Dios les había prometido.

La lucha es importante

El gran escritor cristiano C. S. Lewis dijo: "No existe terreno neutro en el universo: cada centímetro cuadrado, cada fracción de segundo, es reclamada por Dios y contrademandado por Satanás".[2] En otras palabras, esta lucha espiritual es vital debido a lo inestimable de las promesas de Dios. Y el enemigo lo sabe.

La Biblia describe un asombroso plan de batalla para recuperar las cosas que nos han sido arrebatadas por el enemigo de nuestras almas. Luego de que los amalecitas secuestraron a las mujeres y los niños y tomaron Siclag, el lugar donde David y las familias de sus seiscientos hombres vivían, David oró: "¿Debo perseguir a esa banda?". He aquí una paráfrasis de la respuesta de Dios: "¡Ve y apoderarte de las promesas que te robaron!". Esta historia fascinante de la valentía de David al recuperar exitosamente sus familiares secuestrados y sus propiedades robadas por los amalecitas, no ocurrió por la fuerza militar pura. David usó una estrategia triple (ver 1 S. 30).

Todo el cielo está con nosotros en nuestros esfuerzos espirituales por recuperar nuestras promesas robadas; los dones que Dios nos ha dado.

En primer lugar, *se dedicó a sus sentimientos*. Él lamentaba la pérdida de sus familiares y sus propiedades. Incluso tuvo que lidiar con sus emociones por las amenazas de sus propios hombres de apedrearlo porque sus familias y bienes habían sido robados (v. 6). Estos guerreros heridos pensaron que matar a David aliviaría su dolor. Afortunadamente David acudió a Dios en oración para encontrar la respuesta a su dilema traumático emocionalmente.

En segundo lugar, *se dedicó a su fe*. Cuando David oró: "¿Debo perseguir a esa banda?", pidió la sabiduría de Dios para determinar si debía ir tras su familia y sus pertenencias en una acción militar. David creía que Dios era el capitán de su ejército; un Dios guerrero que responderían de manera victoriosa.

En tercer lugar, *David asumió la batalla*. La respuesta de Dios a la oración de David llegó en forma de palabras. Y esas palabras estaban llenas de un poder que prendió a David para la batalla. Su mente estaba enfocada, seguro de que Dios estaba de su lado. Y David también estaba al lado de Dios. Esta batalla no solo se centraba en la venganza, sino también en el impulso de la orden directa de Dios de avanzar. David estaba haciendo la obra del Señor. Cada vez que usted persigue las promesas de Dios, está haciendo su obra. Todo el cielo está con nosotros en nuestros esfuerzos espirituales para recuperar nuestras promesas robadas: los dones que Dios nos ha dado.

¿Quién debería leer este libro?

La intención principal de *Un guerrero de rodillas* es prepararnos para recuperar las promesas de Dios para nuestras vidas a través de la guerra espiritual. A medida que aprendamos a poner nuestra fe en acción, adoptaremos una mentalidad bíblica en cuanto a la guerra espiritual. Esta mentalidad nos permitirá dar rienda suelta a las armas espirituales de destrucción masiva contra nuestro adversario en relación con las promesas de Dios para nosotros descritas en las Escrituras. Establecer y mantener un estilo de vida fortificado asegurará un legado espiritual que transformará a las generaciones venideras.

Este libro ha sido escrito para aquellos que desean tomar posesión de todas las promesas de Dios para sus vidas. Es decir, para usted que desea que la voluntad de Dios sea central en su vida. Jesús nos enseñó a orar así: "Padre nuestro que estás en el cielo, santificado sea tu nombre, venga tu Reino, hágase tu voluntad en la tierra como en el cielo" (Mt. 6:9–10). Procurar y vivir la voluntad de Dios es el pináculo de ser un seguidor de Cristo y la clave para acceder a las promesas de Dios.

Si usted desea desarrollar su conocimiento y su fuerza en el ámbito de la guerra espiritual, este libro es para usted. Pablo dijo: "Por último, fortalézcanse con el gran poder del Señor. Pónganse toda la armadura de Dios para que puedan hacer frente a las artimañas del diablo" (Ef. 6:10–11). Estas palabras transmiten su alistamiento en el ejército del Señor.

Si a usted le apasiona el cumplimiento de la gran comisión, este libro es para usted. Jesús nos desafió a "ir y hacer discípulos de todas las naciones" (Mt. 28:19). La esperanza de ver a los perdidos entrar en el Reino de Dios depende de nuestra firme comprensión de la guerra espiritual. Pablo dijo: "El dios de este mundo ha cegado la mente de estos incrédulos, para que no vean la luz del glorioso evangelio de Cristo, el cual es la imagen de Dios" (2 Co. 4:4). La salvación es el tema de la gran comisión. A menudo, solo a través de la oración y la guerra espiritual es que los miembros de nuestra familia, amigos, e incluso nuestros enemigos llegan a experimentar la salvación que se encuentra en Jesucristo.

Finalmente, si usted ya no puede quedarse sentado

en el banquillo de la batalla espiritual esperando una oportunidad justa o deseando que Satanás no lo note, este libro es para usted. *Un guerrero de rodillas* le conferirá una mentalidad de campeón y se sentirá cómodo teniendo una postura tanto ofensiva como defensiva contra Satanás. Estará dispuesto a pelear las batallas espirituales contra el diablo o enfrentar las que él inicie en su contra.

Las personas con las que he trabajado para desarrollar un marco bíblico sobre la guerra espiritual, han provisto respuestas a preguntas inquisitivas, como:

- ¿Cómo podemos distinguir entre las pruebas y los ataques espirituales?
- ¿Cómo debemos luchar por las promesas de Dios?
- ¿Cuál es la diferencia entre la teología antibíblica de nombrar y pedir, y la mentalidad bíblica que enseña que debo apropiarme de las promesas que me han sido robadas?
- ¿Qué es exactamente la guerra espiritual?
- ¿Qué habilidades se necesitan para participar en la guerra espiritual?
- ¿Participar de la guerra espiritual nos hace cristianos extraños?
- ¿Cómo podemos ayudar a otros a aprovechar las promesas de Dios para sus vidas?

LA PROMESA DEL LIBRO

Un guerrero de rodillas ofrece un ambicioso plan lleno de tácticas espirituales prácticas para reclamar las promesas de Dios para nuestras vidas. Este libro trata sobre el lanzamiento de un ataque espiritual sin cuartel contra el enemigo para recuperar nuestra carrera profesional, reavivar un matrimonio satisfactorio, fomentar una relación sana con nuestros hijos y obtener cualquier otra promesa que valga la pena recuperar.

Al igual que ocurre con las guerras terrenales, la guerra espiritual demanda formación y estrategias. Incluso la comprensión de la guerra psicológica es fundamental para obtener ventaja en contra de nuestro adversario. El famoso general estadounidense H. Norman Schwarzkopf advirtió que en caso de guerra, las operaciones psicológicas "serán absolutamente *críticas* para cualquier campaña en la que nos involucremos".[3] Del mismo modo, una sólida comprensión de los principios de la Biblia es esencial para participar con éxito en la guerra espiritual.

Este libro está dividido en tres secciones con el objetivo singular de prepararnos para recuperar las promesas que nos han sido robadas.

Al igual que ocurre con las guerras terrenales, la guerra espiritual demanda formación y estrategias.

La primera parte se enfoca en *involucrar los sentimientos.* ¡Es hora de despertar! Las promesas del Señor son reales y vale la pena luchar por ellas. El Reino de

Dios no es Disneylandia. Es milagroso, sí, pero no delicado y mágico. Las promesas de Dios no caen sobre nosotros simplemente porque somos buenos. Cuando las recibimos, debemos activar los principios de la fe para mantenerlas. Contrariamente a la creencia popular, los combatientes no ocultan sus sentimientos, sino que se apoderan de ellos. Los guerreros que reclaman con éxito sus posesiones más preciadas primeramente tienen en alta estima sus sentimientos de ira, pérdida o dolor. Como David en Siclag, se enojan cuando pierden una promesa. Lamentan el estado insalubre de su matrimonio, su carrera menguante, o la pobre relación con sus hijos.

Comprometer nuestros sentimientos es la primera etapa del ataque masivo para recuperar las cosas que el enemigo nos ha robado. Si nuestras pérdidas no nos duelen lo suficiente como para luchar por ellas, simplemente nos cruzaremos de brazos y lo achacaremos a la voluntad de Dios. Pero darnos por vencido tan fácilmente podría ser un error lamentable.

La segunda parte nos enseña cómo *involucrar la fe*. Cada creyente del Reino de Dios tiene doble nacionalidad. Somos adoradores *y* guerreros. La afirmación de que estamos llamados a ser adoradores rara vez se debate porque, después de todo, la adoración es divertida, es agradable. Con un pasaporte que diga "adoración" viajamos a todos los lugares interesantes de vacaciones. El otro pasaporte, el que nos garantiza el paso a las zonas de guerra de la vida, se usa rara vez porque el recorrido es peligroso y sin leyes. Sin embargo, la Biblia declara enfáticamente: "El Señor es un guerrero" (Éx. 15:3), y "Bendito sea el Señor, mi Roca, que adiestra mis manos para la guerra, mis dedos para la batalla" (Sal. 144:1).

La guerra espiritual impregna toda la Biblia. Desde el Antiguo hasta el Nuevo Testamento, los creyentes luchan contra las fuerzas del mal y la maldad para apoderarse de las promesas de Dios. Aun así, los cristianos de hoy, incluso en medio de confrontaciones en las que hay que "actuar o morir", de horribles calamidades como el desastre económico global y la erosión global de la sociedad, son reticentes a luchar. Por el contrario, muchos deciden acobardarse ante situaciones como una vida familiar insalubre o una carrera profesional desdichada. Algunos cristianos, con una visión distorsionada de Dios, piensan que Él es simplemente una deidad mansa, apacible, que solo gobierna los aspectos de la moralidad, y que se abstiene de luchar por la propiedad más allá del ámbito de la ética. Este pensamiento es unidimensional y limita la naturaleza absoluta de Dios. Estas personas simplemente no quieren pelear o aún no saben cómo hacerlo.

Un estilo de vida basado en la fe no es pasivo. *Involucrar la fe*, esa que es descrita en la Biblia, produce las características de un guerrero de rodillas. La verdadera fe bíblica envalentona, nos llena de un valor que nos habilita para declararle al enemigo de nuestra alma: "¡Estoy molesto, y no voy a seguir soportando esto!".

La tercera parte del libro ofrece instrucciones prácticas sobre cómo *involucrarnos en la lucha*. "¿Qué haría Jesús?". Hemos visto esta conocida frase en camisetas, gorras, tatuajes y calcomanías. Pero cuando se trata de defender realmente la voluntad de Dios, la Biblia responde a esta pregunta de la misma manera una y otra vez: ¡Jesús lucharía! Y si Él usó la Palabra como un arma para derrotar a Satanás, ¿no deberíamos nosotros hacer lo mismo en lugar de rendirnos?

La verdadera fe bíblica envalentona, nos llena de un valor que nos habilita para declararle al enemigo de nuestra alma: "¡Estoy molesto, y no voy a seguir soportando esto!".

Como guerreros debemos mantenernos en un buen estado para la lucha, y este estado se obtiene mediante la práctica de disciplinas espirituales. Esta sección describe el régimen de entrenamiento que puede transformar incluso a los más débiles luchadores espirituales en verdaderas máquinas de guerra espiritual. Usted aprenderá el poder del ayuno y la oración intercesora como armas de guerra. Disfrutará de la victoria que se encuentra en la meditación, la reflexión y la soledad. *Un guerrero de rodillas* le ayudará a descubrir la libertad asociada al esfuerzo en la oración. También podrá descubrir la paz que se obtiene en conocer su identidad en Cristo.

Una llave llamada promesa

En la gran alegoría de Bunyan *El progreso del peregrino*, Cristiano decide abandonar la vía principal y seguir otro camino que parecía más fácil. Pero este camino lo lleva al territorio del gigante Desesperación, que es dueño del Castillo de las Dudas. Finalmente, es capturado por el gigante Desesperación y encerrado en un calabozo donde le instan a suicidarse. El gigante le dice que es inútil tratar de seguir con su viaje. Por el momento, parecía como si la desesperación realmente había conquistado a Cristiano. Pero entonces Esperanza, compañera de viaje de Cristiano, viene a recordarle sus victorias anteriores.

Un sábado, cerca de la medianoche, comenzaron a

orar y continuaron casi hasta el amanecer. Un poco antes de que amaneciera, Cristiano estalla en un apasionado discurso: "¡Qué necio soy por quedarme aquí en una apestosa mazmorra, cuando bien puedo caminar en libertad! Tengo en mi seno una llave llamada *Promesa*, que estoy seguro de que abrirá cualquier puerta del Castillo de la Duda. Entonces Esperanza le dice: "Eso es una buena noticia; hermano mío, sácala de tu seno y prueba". Y las puertas de la prisión se abrieron de golpe.[4]

Un guerrero rodillas contiene la llave que abrirá las puertas de las promesas de Dios que Satanás nos ha robado y encerrado. Pero es necesario que luchemos. Esta es una pelea que cambiará nuestro destino, la salvación de nuestra familia y las almas de aquellos a quienes Dios nos ha llamado a influenciar. Nuestros pies están plantados en el campo de batalla. Usted está comenzando en un entrenamiento para salir y tomar las promesas de Dios para su vida. No tengo ninguna duda de que va a salir victorioso.

Disfrute de la lectura, poderoso guerrero.

PARTE UNO

INVOLUCREMOS NUESTROS SENTIMIENTOS

Capítulo 1

CÓMO SE HACE UN GUERRERO DE RODILLAS

HACE CINCO AÑOS, UN SIMPLE SUEÑO nocturno me enseñó más sobre la oración que seis años de seminario, incluso después de dos décadas de servicio pastoral. Al igual que muchos cristianos, creía que mi vida de oración era satisfactoria. Pero Dios tenía una opinión diferente. Suena extraño, ¿no? Después de todo, soy un predicador.

Cada semana comparto la Palabra de Dios con miles de personas que padecen de hambre espiritual. Ellos se acercan en busca de comprensión bíblica y de herramientas que permitan que su relación con Dios sea más fuerte. Pero, una extraña noche el Señor me mostró su perspectiva sobre mi vida de oración y lo que Él quería que yo hiciera al respecto.

Soñé que estaba trabajando en un complejo de oficinas rodeado de bosques y de vida silvestre. Cuando salí del edificio y caminé a plena luz del día, sabía que algunos miembros de mi personal aún permanecían en la oficina. Para mi sorpresa, grandes aves, como halcones y buitres, yacían heridas o muertas afuera del edificio. Era una escena aterradora. Estas aves majestuosas estaban esparcidas por todas partes, derrotadas y sin fuerzas en un lecho de rocas. Estaba claro que estaba en medio de una zona de guerra, donde los pájaros habían sido protagonistas de un combate mortal y habían perdido.

A través de la oración recuperamos nuestras fuerzas para derrotar al enemigo y llevar a cabo la voluntad de Dios para nuestra generación.

De repente noté un águila entre las rocas, aparentemente escondida y muy agotada. Se estremeció en un esfuerzo por recuperar fuerzas. Estaba tan metida en la hendidura entre las rocas que los halcones y los buitres no podían verla. Me pregunté quién habría matado todos estos pájaros y rápidamente pude entender que el águila había derrotado a todos sus atacantes. Entonces vi remontar al águila con un graznido feroz. Mientras volaba sobre el lecho de rocas, tomó a un halcón y lo llevó hacia el cielo. Aunque el halcón luchaba por su vida, no podía liberarse de las afiladas y poderosas garras del águila. En unos momentos el águila hundió su afilado pico en el cuello del halcón. Mientras miraba la escena tratando de averiguar lo que estaba pasando, el águila sacó el pico del cuello del halcón, le levantó un ala, y le hundió el pico en el corazón para matarlo.

Al ver esto, rápidamente corrí hacia la oficina para conseguir a mi pastor ejecutivo y mostrarle esta escena única, pero no lo pude encontrar. Busqué en la oficina de uno de los pastores asociados, y tampoco estaba allí. Tomé el teléfono más cercano y llamé a un segundo pastor asociado. Este respondió el teléfono, pero dudó cuando le rogué que nos reuniéramos rápidamente en mi oficina. En el sueño fue claro: este pastor no estaba bien espiritualmente. Su pasión por la oración había menguado tanto, que no pudo detectar la urgencia del momento. Entendí claramente que su antena espiritual estaba terriblemente apagada. A pesar de ser un buen hombre, estaba completamente alejado de las actividades del Espíritu Santo y la dinámica de la guerra espiritual. Me di por vencido instándole a que fuera hasta donde yo estaba porque no sería de ninguna utilidad. Entonces el sueño terminó abruptamente. Me desperté temblando, así que de inmediato busqué al Señor pidiendo la interpretación de este sueño.

Esto es lo que Dios me reveló: las rocas representan la guerra espiritual que todos enfrentamos. El águila representa al cristiano que ha estado cansado y aparentemente derrotado por las batallas de la vida. Los halcones y buitres son los demonios que trabajan para destruir la sociedad y la vida de las personas, pero lucían heridos y muertos como una señal de su derrota. Dios me permitió ver cómo los poderes del enemigo serán conquistados por las águilas que recuperen sus fuerzas para pelear la buena batalla de la fe. La clave estaba en la necesidad del águila de retirarse entre las rocas para recuperar sus fuerzas para la batalla. Esconderse en la hendidura de las rocas es un símbolo de oración y de espera en el Señor (Is. 40:29–31). A través de la oración recuperamos nuestras fuerzas para derrotar al enemigo y llevar a cabo la voluntad de Dios para nuestra generación.

Luego de entender la revelación de Dios, supe que Él quería más de mí. Ser simplemente un hombre que oraba no era suficiente. Dios estaba diciéndome: "David, quiero que seas un hombre *de* oración".

Usted se estará preguntando cuál es la diferencia entre ser un hombre que ora y un hombre de oración. La diferencia es que ser un hombre de oración es convertirse en un guerrero de rodillas, alguien que ora con la intensidad de un boxeador profesional y que derriba con fuerza los obstáculos creados por el enemigo para entorpecer el propósito de Dios y la calidad de vida que Él nos ha llamado a experimentar.

Yo creé la frase *guerrero de rodillas* después de ver cómo el gran estadista Daniel luchó y derrotó las severas atrocidades de su época orando tres veces al día (Dn. 6:10). Él sabía que el poder de la oración podría derrotar a la más severa opresión demoníaca y el trato inhumano de la creación más alta de Dios, la humanidad. Además, Daniel nos dio un ejemplo de cómo un guerrero de rodillas puede formar parte de las altas esferas del Gobierno y aun así seguir siendo humilde ante Dios sin ver la oración como una función o un deber sin importancia.

Los campeones no se forman en los gimnasios. Los campeones están hechos de algo que tienen muy dentro de ellos, un deseo, un sueño, una visión.

El estudio de Daniel me hizo aún más decidido. Convertirme en un guerrero de rodillas significaba más para mí que obtener el doctorado. Se hizo más imprescindible para mí que escribir libros o incluso levantar una iglesia próspera. Cuando escuché la motivación y la voz del Señor y entendí lo que Él me estaba llamando a hacer, lloré con la certeza de que mi vida estaba a punto de ser transformada completamente. Sabía que tenía que reevaluar y reorganizar todas mis prioridades y responsabilidades como esposo, padre y pastor para convertirme en el guerrero de rodillas que Dios me estaba llamando a ser. Las horas, entre las cuatro y las seis de la mañana, que había designado como algo sagrado para Dios, se convertirían ahora más que nunca en mi estación de batalla diaria como un guerrero de rodillas.

¿Tiene usted el deseo de convertirse en un guerrero de rodillas?

De niño, admiraba la confianza y la convicción de Muhammad Ali, que no es cristiano, pero que era profundamente perspicaz respecto a la mentalidad de los combatientes eficaces. Una vez, para amedrentar a un retador del título de peso pesado, Ali dijo: "Los campeones no se forman en los gimnasios. Los campeones están hechos de algo inmaterial que llevan dentro de ellos, un deseo, un sueño, una visión. Deben tener una resistencia de último minuto; deben ser un poco más rápidos; deben tener tanto la habilidad como la voluntad. Pero la voluntad debe ser más fuerte que la habilidad".[1]

Aplicando la sabiduría de Ali a la iglesia de hoy —plagada de grandes predicadores, maestros, escritores y cantantes—, ciertamente necesitamos de poderosos guerreros de rodillas que tengan un deseo ardiente de llevar en oración las cargas de un mundo herido ante un Dios de amor. Yo deseo estar en el distinguido grupo de los guerreros que tienen tanto la habilidad como la voluntad para derrotar los planes del enemigo. Por eso es que respondí al llamado a convertirme en un guerrero de rodillas.

Responder al llamado es mucho más profundo que tan solo decir: "Voy a orar más por mí, por mi familia, mi carrera y mi ministerio". Se trata de involucrar totalmente los sentimientos en la batalla espiritual, porque hemos comprendido claramente que *hay* que hacer algo. Sentarnos de brazos cruzados mientras Satanás saquea nuestra familia, roba las promesas de Dios para esta generación, y destruye la esperanza de la humanidad de una sociedad justa, es un precio demasiado alto que pagar. Convertirse en un guerrero de rodillas es la mejor conclusión a la cual podemos llegar ante este dilema espiritual. ¿Cómo lograrlo? Podemos abrazar voluntariamente el consejo que Pablo le dio a su hijo espiritual, Timoteo, cuando escribió: "Comparte nuestros sufrimientos, como buen soldado de Cristo Jesús" (2 Tim. 2:3). Si limitamos este versículo como un consejo privado de Pablo a Timoteo, olvidamos la verdad esencial de estas poderosas palabras. Debemos aceptar el pasaje como una orientación para nuestra propia vida, de manera que la lucha se convierta en una elección, y voluntariamente demos lo mejor de nosotros como soldados incondicionales de Cristo Jesús.

¿Tenemos, como Muhammad Ali, el deseo, el sueño o la visión? ¿Tenemos la resistencia?, y más importante aún, ¿tenemos una voluntad más fuerte que la habilidad de convertirnos en campeones de la oración? ¿Tenemos lo necesario para convertirnos en guerreros de rodillas? Antes de colocar un pie en el campo de batalla, nuestros pensamientos y sentimientos deben hacerse eco de las palabras del apóstol Pablo: "Todo lo puedo en Cristo que me fortalece" (Flp. 4:13). Un guerrero de rodillas desarrolla consciente e incluso inconscientemente, el comportamiento de un campeón.

Un guerrero de rodillas se anima a pelear por una razón apasionada. Nadie va a una guerra sin una causa justa o un sentimiento justo de ira. Esos sentimientos se convierten en el combustible de la persistencia cuando la batalla se intensifica. ¿Qué está motivando su pasión para convertirse en un guerrero de rodillas? ¿Acaso una prueba difícil? ¿Está usted experimentando alguna clase de desolación en su vida? Tal vez el grito ensordecedor de la humanidad encaminada a una eternidad sin Cristo se ha apoderado de su alma. Un guerrero de rodillas se preocupa por el dolor o las injusticias de nuestra sociedad caída, y utiliza la oración para derribar las fortalezas diseñadas por Satanás para frustrar los propósitos de Dios.

Un guerrero de rodillas entra al campo de batalla de la oración cuando se da cuenta de que su pellejo está en juego. El riesgo es muy grande si no decidimos actuar en el nombre de Dios. Este fue el caso de Larry, un hombre que acudió a Cristo después de años de vivir en la confusión sexual y el pecado. Larry anhelaba su restauración, pero tenía un gran quiste en su espalda como resultado de una vida sexual extrema, como recordatorio constante de su pasado. Los médicos le habían dicho que extirparlo le dejaría una enorme cicatriz.

Un guerrero de rodillas se preocupa por el dolor o las injusticias de nuestra sociedad caída, y utiliza la oración para derribar las fortalezas diseñadas por Satanás para frustrar los propósitos de Dios.

Dios desea que podamos ayudar a muchos a experimentar la victoria a través de la oración. Hace unos años dirigí a la Christ Church en la Operación Recuperar, un viaje espiritual de cuarenta días con el propósito de ayudar a los participantes a recuperar las facetas de sus vidas que habían sido dañadas o perdidas por el pecado y el abandono espiritual.

Durante la Operación Recuperar, Larry oró y le pidió a Dios un milagro. Unas semanas más tarde, después de unos exámenes médicos, un nuevo doctor le dijo a Larry que él podía extraerle el quiste sin dejar cicatrices. Después de la operación, el mismo médico se sorprendió de cómo sanó completamente la zona. Larry habló de la fidelidad de Dios, diciendo: "La extirpación de este quiste tuvo muchas implicaciones espirituales. Sin embargo, lo que más me sorprende es el amor que Dios tiene por mí". Basta con decir que Larry se convirtió en un guerrero de rodillas porque necesitaba que todos los signos de su pasado sexual fueran eliminados.

El pellejo en juego de Larry consistió en ver a Dios quitarle el quiste de su espalda. Dios lo hizo, y Larry emergió como un guerrero de rodillas.

Un guerrero de rodillas se forma en el crisol de las dificultades. Estos hombres y mujeres no nacieron como campeones espirituales. Ellos no han experimentado desde siempre el poder de Dios, sino que se *convirtieron* en campeones espirituales emergiendo de las entrañas de las pruebas más profundas, con una mentalidad renovada de soldados. Y al igual que los combatientes físicos, los guerreros de rodillas deben ganar la batalla psicológica antes de entrar al *ring* para pelear por el premio.

No fue sino hasta que Ana eliminó la confusión y la lástima que sentía por sí misma, y que visualizó su sueño de tener un hijo, que Dios abrió su matriz. Samuel, el gran profeta de Israel, estaba en los planes de Dios desde el principio de los tiempos. Sin embargo, la nación no se benefició de su don hasta que su madre estéril cambió sus lágrimas de tristeza en oraciones líquidas. Antes de que Samuel fuera concebido físicamente, fue engendrado en el vientre de la oración. Las palabras que capturan ese momento precioso en el que Ana derramó su oración líquida son: "Con gran angustia comenzó a orar al Señor y a llorar desconsoladamente. Entonces hizo este voto: 'Señor todopoderoso, si te dignas mirar la desdicha de esta sierva tuya y, si en vez de olvidarme, te acuerdas de mí y me concedes un hijo varón, yo te lo entregaré para toda su vida'" (1 S. 1:10–11). La pasión de Ana por un hijo la convirtió en una guerrera de rodillas.

A lo largo de la Biblia Jacob es retratado como un

hombre con tendencia al engaño. Aun así, su pasión para cumplir el llamado de Dios en su vida lo llevó a emerger como un intercesor impresionante. Enfrentado a la amenaza de ser asesinado por su hermano Esaú, a quien había engañado dos veces unas dos décadas antes, Jacob pasó la noche en oración. La imagen de intercesión que la Biblia nos muestra, es un Jacob luchando toda la noche con un ángel del Señor (Gn. 32:22–32). Había mucho en juego. Si Jacob no prevalecía con Dios, sería asesinado por Esaú. La pasión de Jacob se deja ver mientras lucha con el ángel, cuando dice: "¡No te soltaré hasta que me bendigas!" (v. 26). Este hombre común, conocido por su carácter defectuoso, se convirtió en un guerrero de rodillas cuando su pasión agónica por la vida lo llevó a clamar a Dios.

El famoso predicador escocés Robert Murray M'Cheyne se convirtió en un poderoso guerrero de rodillas antes de entrar en la eternidad a la temprana edad de veintinueve años, solo siete años después de entrar en el ministerio. Él respondió al llamado de vivir para Cristo poco después de que David, su hermano mayor, sufriera una muerte prematura. David había orado repetidamente por la conversión de Robert, y Robert reconoció más tarde que el Espíritu Santo usó la muerte de su hermano para tallar una profunda impresión en su alma. El 8 de julio de 1842, M'Cheyne le escribió una carta a un amigo: "Hoy hace once años perdí a mi muy amado y amoroso hermano, y comencé a buscar un Hermano que no pudiera morir".[2] Después de su conversión, la pasión de M'Cheyne por ver a los perdidos conocer al Salvador dio lugar a un tremendo avivamiento en Dundee, Escocia, en la iglesia de San Pedro.

Los no creyentes venían en masa a escuchar y ver a este predicador que lloraba por su deseo de que ellos se convirtieran. Desde la muerte de su hermano, visitantes de la Commonwealth, de Estados Unidos y de Europa acuden a visitar este pulpito que se humedecía por sus lágrimas cuando hacía el llamado para que los presentes entregaran sus almas a Cristo.[3]

El espíritu de un guerrero

Ya sea que usted lo sepa o no, como seguidor de Cristo ya está inmerso en la guerra espiritual, independientemente de su nivel de participación. Si usted decide sentarse simplemente en las gradas y ver la batalla, aun así está dentro de ella. ¡No se deje engañar! Usted no es solo un espectador, sino un objetivo. Hay una mejor opción. Usted puede armarse con las Escrituras y participar en la batalla. Pablo advirtió a los Efesios enfáticamente sobre el alto riesgo de esta batalla, cuando dijo:

> "Por último, fortalézcanse con el gran poder del Señor. Pónganse toda la armadura de Dios para que puedan hacer frente a las artimañas del diablo. Porque nuestra lucha no es contra seres humanos, sino contra poderes, contra autoridades, contra potestades que dominan este mundo de tinieblas, contra fuerzas espirituales malignas en las regiones celestiales. Por lo tanto, pónganse toda la armadura de Dios, para que cuando llegue el día malo puedan resistir hasta el fin con firmeza".
>
> —Efesios 6:10–13

La guerra espiritual no es mera semántica bíblica. Encarna la idea de que existe una guerra continua entre el Reino de Dios y el reino del mal. Este dualismo entre el bien y el mal no siempre existió. Solo Dios ha existido desde el principio (Gn. 1:1). Él es la personificación de la bondad, el amor y la justicia. El mal nació cuando Lucifer, uno de los ángeles de Dios, decidió rebelarse contra Él (Ez. 28:11–17). Dios expulsó a Lucifer del cielo y a un gran número de ángeles que se alinearon en su rebelión. Su destino fue el destierro eterno de la presencia de Dios y el castigo eterno en el infierno que le espera en algún momento en el futuro (Ap. 20:7–10). Mientras tanto, el dualismo del bien y el mal, la luz y la oscuridad, lo correcto y lo incorrecto, continúa como un punto de contención en cada generación.

Ya sea que usted lo sepa o no, como seguidor de Cristo ya está inmerso en la batalla espiritual, independientemente de su nivel de participación.

Lucifer, también conocido como Satanás, el engañador, el diablo, Belcebú, y un número de otros títulos bíblicos, estableció un reino que está constantemente en guerra con todo lo que es bueno y santo y que se asocia con el Reino de Dios. La humanidad, creyentes y no creyentes por igual, está incluida en esta antigua batalla simplemente porque somos la creación más preciada de Dios. El término *guerra espiritual* describe este conflicto en curso entre el reino de Satanás y el Reino de Dios.

Este adversario de ninguna manera se equipara a

Dios en poder, sabiduría o estrategia. Sin embargo Dios, en su infinita sabiduría, permite que Satanás ejecute sus traicioneros planes. La única razón teológica plausible por la que Dios permite esta actividad es que su voluntad aún se está ejecutando en lo que respecta a la gente. Dios es el único que es omnipotente, omnisciente y omnipresente. Satanás es un enemigo derrotado, una fuente constante de irritación en el gran esquema de las cosas. Es una formidable molestia para la raza humana.

Si queremos prepararnos para esta guerra de alto riesgo, debemos convertirnos en expertos en guerrera espiritual para destruir los planes de Satanás para esta generación. Dado que la aniquilación de Satanás solo ocurrirá cuando Dios lo arroje al infierno, cada generación debe alistarse en la batalla para derrotar a este enemigo infernal. Hacer caso omiso a las realidades de esta guerra espiritual, significa perder algunas de las mejores promesas de Dios para nuestra vida y nuestra familia. Nuestro destino y el de nuestros hijos son puestos en riesgo si mostramos desinterés en la antigua batalla entre el bien y el mal.

La elección de alistarnos en la batalla

La Biblia es clara en el llamado de Dios a todos los creyentes para que se conviertan en guerreros de rodillas. Aun así, muchos cristianos consagrados no saben cómo hacerlo. Esto es lo que Pablo les dijo a los Corintios:

> "Pues aunque vivimos en el mundo, no libramos batallas como lo hace el mundo. Las armas con que luchamos no son del

> mundo, sino que tienen el poder divino para derribar fortalezas. Destruimos argumentos y toda altivez que se levanta contra el conocimiento de Dios, y llevamos cautivo todo pensamiento para que se someta a Cristo".
>
> —2 CORINTIOS 10:3–5

Parece obvio que en el instante en que aceptamos la salvación que Jesús ofrece gratuitamente, inmediatamente entramos al fragor de la batalla. Creo que las palabras de Pablo son tomadas a la ligera porque pelear no es una tarea fácil. No es una obra sofisticada o intelectual. Es un trabajo sucio, primitivo, instintivo e inherentemente riesgoso. Muchos cristianos limitan sus actividades espirituales a la seguridad de actividades más dignas. Creen erróneamente que simplemente asistir a servicios religiosos semanales y leer la Biblia los mantendrá a salvo. Si bien estas son buenas actividades que se pueden manejar fácilmente, no califican como actividades de guerra espiritual como tales.

Hacer caso omiso de las realidades de esta guerra espiritual, significa perder algunas de las mejores promesas de Dios para nuestra vida y nuestra familia.

Un guerrero de rodillas es estimulado por la pasión. Su voluntad de lucha nace de los sentimientos de carencia o de dolor. David, que era un músico adolescente encargado de pastorear las ovejas, se convirtió en un poderoso guerrero después de que un león feroz robó una de las ovejas de su rebaño. Cuando eso sucedió, algo despertó en David que lo hizo luchar por su propiedad. Eran *sus* ovejas, y él era el único que debía dar cuentas a su padre si regresaba a casa con menos ovejas de las que se le habían asignado como pastor. El llamado del guerrero fue confirmado cuando un oso intentó llevarse otra de las ovejas del rebaño. David se enfrentó al atacante y recuperó sus ovejas. Así que cuando finalmente conoció a Goliat, un gigante de nueve pies (casi tres metros) de altura, sus instintos guerreros ya habían despertado. David le dijo al rey Saúl: "¡Nadie tiene por qué desanimarse a causa de este filisteo! Yo mismo iré a pelear contra él" (1 S. 17:32). Y luchó contra él.

David habló como un verdadero guerrero cuando trató de fortalecer los sentimientos de los soldados de Saúl, diciéndoles no que tenían *por qué desanimarse*. El llamado a pelear contra Goliat fue originado por los mismos sentimientos que lo llevaron a luchar contra el león y el oso. Ha de haber algo muy importante en juego que despierte nuestras emociones hacia la guerra. Para David, derrotar a Goliat era una victoria personal. Él estaba horrorizado de que Goliat se hubiera atrevido a "desafiar al ejército del Dios viviente" (v. 26). Del mismo modo, cuando sentimos la pérdida personal del orgullo, de una promesa, del destino o de alguna otra cosa, surge en nosotros una lucha. David eligió voluntariamente defender sagazmente al pueblo y el gran nombre de Dios.

Todos sabemos que Dios no obliga a nadie a amarlo. De la misma manera, Él no obliga a nadie a orar. La oración es algo totalmente voluntario. Si buscamos a través de los Evangelios, notaremos que Jesús nunca inició una enseñanza en el tema de la oración. En su lugar, fue un modelo al ser un hombre de oración. Jesús ofreció instrucción en el arte de la oración solo cuando sus discípulos le dijeron: "Señor, enséñanos a orar" (Lc. 11:1). Movidos por una necesidad personal de conexión con Dios y de ayudar a su generación, la petición de que les enseñaran a orar fue humildemente hecha por los discípulos. Podemos deducir entonces que los guerreros de rodillas son admitidos en la escuela de oración de Jesús cuando reconocen personalmente su propia impotencia resultante de la falta de oración. Esta revelación los lleva a arrodillarse, despertando la necesidad de una vida de oración.

¡ES HORA DE ALISTARSE!

La decisión de David de desarrollar una vida de oración, la cual lo llevó a convertirse en un guerrero de rodillas, se produjo en tiempos difíciles. Unos años después de la derrota de Goliat, los celos del rey Saúl lo condujeron a vivir dieciséis meses en el país filisteo de Siclag (1 S. 27:6–7). Habiendo recibido permiso de Aquis, rey de los filisteos, para vivir allí con sus seiscientos hombres y sus familias, David tuvo un encuentro personal con la necesidad fundamental de orar. Un día, mientras David y sus tropas estaban en una misión, los amalecitas atacaron a Siclag e incendiaron la ciudad. Las esposas de David y las esposas y los hijos de sus hombres fueron secuestrados por este ejército cruel (1 S. 30:1–2).

Cuando sentimos la pérdida personal del orgullo, de una promesa, del destino o de alguna otra cosa, surge en nosotros una lucha.

La repentina pérdida de su familia y la angustiante desesperanza de sus hombres llevó a David a un estado de aislamiento emocional. Sus sentimientos de desaliento y fracaso se agravaron por las amenazas de sus propios hombres de apedrearlo como respuesta a su ira y su dolor. Estoy seguro de que pensaron: "¿Cómo pudo David, este genio militar, dejar Siclag desprotegido mientras estábamos en nuestra misión? ¿Por qué no pensó en dejar unas cuantas docenas de hombres para proteger a las mujeres y los niños?". La única justicia que veían era la lapidación de David. Ante sus ojos, él era el culpable.

David se vio obligado a encontrar consuelo en Dios, Aquel que estuvo con él cuando un león y un oso se robaron las ovejas del rebaño en una noche estrellada. La Escritura declara: "Mas David se fortaleció en Jehová su Dios" (1 S. 30:6, RVR1960). La palabra traducida como *fortaleció* en este versículo es la palabra hebrea *chazaq*, se utiliza para describir una escena de batalla que requiere de una respuesta valiente. Significa ayudar, ser fuerte, reparar, frenar y alentar. Cuando David acudió al Señor, su estado emocional de impotencia y desesperación fue restaurado en valor y fuerza.

Incluso después de recibir seguridad, consuelo y fuerzas de parte de Dios, David quería más. "David consultó al Señor: '¿Debo perseguir a esa banda? ¿Los voy a alcanzar?'. 'Persíguelos', le respondió el Señor. 'Vas a alcanzarlos, y rescatarás a los cautivos'" (v. 8). La sensación de pérdida y dolor de David al imaginar las atrocidades, incluyendo la violación, que estarían sufriendo sus esposas y los familiares de sus seiscientos hombres, alimentaron sus oraciones.

Hasta que usted no experimente una pérdida personal o la amenaza de perder su propia familia, su destino, o algún otro objeto invaluable, continuará considerando enlistarse en la escuela de oración como algo opcional en su caminar cristiano. Usted debe creer incondicionalmente que las promesas de Dios valen la pena, que vale la pena que *usted* luche. Solo llegarán a ser suyas cuando haya unido los principios de la fe con el arte de la guerra espiritual.

Phyllis, una mujer de mi iglesia, vivía en una constante dificultad financiera con sus dos niños, cuyo padre irresponsable contribuía solo ocasionalmente cuando había un cumpleaños o la Navidad. Ella quería confiar en Dios, pero sentía tanta ira hacia su exmarido que se le hacía difícil mantener la fe. Durante mi enseñanza sobre la oración y el ayuno, Phyllis decidió buscar la ayuda de Dios con una pasión renovada. Hubo momentos en los que la ira de Phyllis estalló contra su exesposo, pero ella se mantuvo en ayuno y oración para darle una oportunidad a su fe en Dios. Phyllis recibió una grata sorpresa cuando, después de unos pocos días, su exmarido la contactó de la nada para decirle que iba a enviar los pagos de manutención de los niños cada dos semanas. De hecho, quería la información necesaria para que los pagos fueran depositados directamente en su cuenta bancaria para evitar cualquier retraso de su parte. El correo electrónico que Phyllis me envió concluía con esta declaración: "Ahora sé que las oraciones de los justos pueden mucho con Dios". Si Phyllis hubiese mantenido su problema de manutención al margen de la oración, no habría experimentado este increíble milagro.

Usted debe creer incondicionalmente que las promesas de Dios valen la pena, que vale la pena que usted luche.

Jessie Penn Lewis, la gran intercesora escocesa que jugó un papel integral en el nacimiento del avivamiento de Gales de 1904 y 1905, escribió: "En la guerra contra los poderes de las tinieblas, la oración es el [...] arma más poderosa". En esos días, la oración jugó un importante papel "(1) en una guerra agresiva contra ellos [los principados] y sus obras; (2) en la liberación de los hombres de su poder; y (3) contra ellos como una jerarquía de poderes que se oponen a Cristo y a su Iglesia".[4] La ira que Lewis sentía por el estado de apatía espiritual y tibieza del alma de su nación la llevó a ponerse de rodillas. El resultado fue un gran derramamiento del Espíritu que recayó sobre miles de personas en el Reino de Dios.

¡La lucha no es opcional!

Involucrar los sentimientos es la primera etapa en el lanzamiento de un ataque sin piedad para recuperar las cosas de valor que el enemigo nos ha robado. Si nuestra pérdida no nos duele lo suficiente como para luchar, entonces le atribuiremos la derrota a que se trata de una tragedia de la vida. Pero esa conclusión puede estar lejos de la verdad.

La acción más poderosa que podemos tomar es doblar las rodillas en oración.

Sí, David y sus hombres recuperaron sus familias de manos de los Amalecitas, pero ¿qué habría sucedido con esas mujeres y niños si David no hubiera orado? ¿Qué habría sido de la reputación de David y la de sus hombres de guerra si hubieran regresado a Israel sin sus familias? Es probable que David habría perdido el respeto de la nación y se habría convertido en la comidilla respecto a su estatus como guerrero.

Los sentimientos de David lo impulsaron a elevar una oración de guerra. Él buscó el consejo de Dios sobre si debía perseguir a los facinerosos. Y Dios no dudó en responder: "Persíguelos". Para alistarse en el ejército del Señor, debemos reconocer a Dios como un luchador. Igualmente importante es que nuestra pérdida o pérdida potencial sea tan valiosa que nos impulse a la acción masiva. La acción más poderosa que podemos tomar es doblar las rodillas en oración.

Mientras estaba en la universidad, mi hija Jessica caminaba con algunos amigos de vuelta a los dormitorios después de cenar en un restaurante. Algunos automóviles estaban en la intersección esperando que el semáforo cambiara a verde. De repente, un conductor detuvo su vehículo y gritó con todas sus fuerzas: "¡Mi bicicleta!". Al parecer había visto a un hombre montado su bicicleta, que había sido robada el día anterior. El ladrón escuchó su grito y comenzó a pedalear tan rápido como pudo. Las chicas observaron como el conductor persiguió al hombre, lo derribó de la bicicleta, y cargó su bicicleta hasta su automóvil. Luego de colocar la bicicleta en el asiento de atrás, la luz se puso verde y el hombre se fue. Su bicicleta robada era lo suficientemente valiosa como para actuar. De la misma manera, no podemos quedarnos de brazos cruzados mientras el enemigo nos roba momentos de la vida o la voluntad de Dios. ¡Enójese! ¡Actúe! Llegue a ser como David y este conductor. ¡Busque lo que es suyo y tráigalo de vuelta!

¿Cómo vemos a Dios?

Las respuestas que la mayoría de las personas dan a la pregunta: "¿Cómo es Dios?", van desde amoroso, misericordioso y bondadoso; hasta paciente y justo. Todas estas respuestas son absolutamente correctas, sin embargo, son incompletas. La visión de Dios de David no se limitaba a estas características de mansedumbre. El bienestar físico y emocional de los cientos de mujeres y niños pendía de su oración. Él vio a Dios como el guerrero consumado que no dudaría en responder si la oración de un guerrero terrenal llegaba hasta su trono.

Además, la visión que David tenía de Dios no se limitaba a la de un padre terrenal que simplemente mima a sus hijos cuando están lastimados. Nuestro Dios consuela, pero Él no tiene miedo de enfrentar la fuerza del mal o la injusticia. Afortunadamente David pudo identificar esa cualidad de nuestro Dios. David vio el rol de Dios en nuestras vidas más allá de los parámetros de la toma de decisiones sobre asuntos de moralidad y ética. Él no tenía una visión limitada de Dios como un policía interno que resuelve argumentos con palabras. David veía a Dios como Aquel que acudirá a su llamado por justicia callejera. Por lo tanto, la respuesta directa de Dios a la oración de David fue: "persíguelos".

David veía a Dios como un guerrero (Éx. 15:3) que actuaba a sus anchas tanto en el campo de batalla como en el santuario. Dios es el comandante del ejército del Señor, y una oración de guerra era pertinente (Jos. 5:14). La teología de David apoyaba la guerra espiritual. Del mismo modo, nuestras oraciones fluyen de acuerdo a la manera en que vemos a Dios.

Una tarde, hace varios años, salí de mi oficina en la iglesia. Justo antes de abrir las puertas dobles para salir del edificio, estas se abrieron de repente desde el exterior. Me sorprendí al ver a un tipo enorme detenerse frente a mí. Yo estaba de pie dos escalones por encima de él, y aun así solo llegaba a la altura de su pecho. No solo era alto, sino también ancho. De paso era inusualmente musculoso. Me sentí como si estaba mirando a un gladiador del siglo I. Tenía el cuello grueso. Sus bíceps brotaban desde su camiseta. Antes de que pudiera decir una palabra, con una profunda voz de barítono dijo: "Pastor, qué bueno verle". Me relajé al ver que me reconoció y sabía mi ocupación, aunque nunca lo había visto antes. Su cálida sonrisa también ayudó a calmar mis nervios.

Nuestro Padre celestial quiere que busquemos en Él todas las capacidades de su divinidad.

Se presentó como un miembro de mi congregación y explicó que había venido a la iglesia para dejar un paquete para alguien de mi equipo. También me dijo que él era un boxeador de peso pesado profesional y que volaba a Las Vegas el jueves para una pelea. Me preguntó: "¿Le importaría orar por mí?". Pensé: *¿Cómo voy a orar por alguien cuyo trabajo es golpear a otros hombres? ¿Debo colocar mis manos sobre él para orar? ¿Malinterpretará mi gesto como una aprobación de lo que hace?* Estos pensamientos se agolparon en mi mente mientras estaba al frente de este gigante. Entonces, rápidamente concluí: *¡Un guerrero necesita una oración de guerra!*

Oré: "Señor, unge a tu hijo para que pueda noquear a su oponente. Dale la tenacidad de un guerrero cuando entre al cuadrilátero. Permite que el jueves sea un día glorioso de victoria. En el nombre de Jesús, amén". Él estaba muy contento, y yo entré a mi automóvil con una sonrisa en mi cara. Semanas después lo vi en la iglesia e inmediatamente le pregunté por el resultado. Su rostro se iluminó al compartir la noticia: "¡Gané! Gracias por la oración". Me alejé seguro de que nuestro Padre celestial quiere que lo busquemos en todas las facetas de su divinidad. Él es nuestro Consolador. Es un Dios misericordioso. Y al mismo tiempo, es un Guerrero todopoderoso. Aprendamos a realizar más oraciones de guerra para poder reclamar las promesas de Dios para nuestra vida y las vidas de quienes nos rodean.

¿Cómo nos vemos a nosotros mismos?

Usted escogió este libro por una razón específica. Quiere ser entrenado en el arte de la guerra espiritual. Ese es un objetivo noble y, a través de la ayuda del Espíritu Santo, esta meta será alcanzada. Cualquier amenaza que pueda estar enfrentando en este momento con respecto a la pérdida de algo valioso, se revertirá con la búsqueda de la ayuda de Dios.

Usted debe verse a sí mismo como un guerrero en formación. Cada proeza cimentará su fe, pero el entrenamiento de guerra comienza en su mente. Es por eso que Pablo le dijo al joven Timoteo: "Comparte nuestros sufrimientos, como buen soldado de Cristo Jesús" (2 Tim. 2:3). Debemos asumir el papel de soldados al servicio de Cristo. Y si bien vendrán pruebas y dificultades que nos querrán impedir que nos mantengamos vigilantes en esta guerra espiritual, los premios de salvaguardar las promesas de Dios y de llevar a otros a una relación con Él, valen la pena.

Como Pablo, un guerrero de rodillas también tiene derecho a presumir. Al final de su viaje espiritual, Pablo escribió: "He peleado la buena batalla, he terminado la carrera, me he mantenido en la fe" (2 Tim. 4:7). No todo el mundo puede decir que ha peleado la buena batalla, mucho menos que ha terminado la carrera con su fe intacta. Conquistar la guerra espiritual es una meta muy apreciada.

Una de las fuerzas militares más feroces de Estados Unidos son los SEAL de la Marina. Ellos se rigen por un credo que comienza con estas palabras:

> "En tiempos de guerra o de incertidumbre hay una raza especial de guerreros dispuestos a responder al llamado de nuestra nación. Hombres poco comunes con deseos de tener éxito. Forjados por la adversidad, las mejores fuerzas de operaciones especiales están listas para servir a su país,

al pueblo de los Estados Unidos, y proteger su modo de vida. Yo soy ese hombre".[5]

Ellos se ven como guerreros únicos listos para la batalla. Este credo unifica a todos los SEAL de la Marina en una comunidad cohesiva de combatientes valientes. Refuerza *por qué* cada uno se convirtió en un SEAL y *cómo* debe funcionar un SEAL mientras está inscrito en las fuerzas armadas. Este credo sirve como grito de guerra en tiempos difíciles.

La oración comienza en nuestros sentimientos y pensamientos acerca de Dios, de su poder, de su voluntad de actuar; y de nuestra disposición a creer que sus promesas son absolutamente alcanzables a través de la oración.

Me tomé algunas licencias editoriales y contextualice un código para los guerreros de rodillas cuando instruí a mi congregación en el arte de la guerra espiritual. Esta es la visión que deberían asumir en respuesta al llamado de Dios a ser buenos soldados de Cristo Jesús:

> "En tiempos de guerra espiritual y de incertidumbre, hay una raza especial de guerreros listos para responder al llamado a orar. Somos creyentes comunes con un deseo poco común de tener éxito. Forjados por la adversidad, permanecemos firmes junto a los mejores guerreros de Dios para servir a su Reino y a la raza humana, y

> para proteger su estilo de vida. Yo soy ese guerrero.
>
> Jamás voy a desistir. Seré perseverante y decidido en la adversidad. El Reino de Dios espera que yo sea espiritual y mentalmente más fuerte que mis enemigos. Si llego a ser derribado, me levantaré una y otra vez. Utilizaré todas mis fuerzas restantes para proteger a los creyentes y para cumplir nuestra misión. Jamás abandonaré la lucha".

¿No es esta la visión que nuestro Comandante en Jefe Jesús nos enseñó a tener? Jesús les dijo a sus discípulos: "Deben orar siempre y no desmayar" (ver Lc. 18:1). Este mandato a nunca rendirnos encarna la actitud y la voluntad que un guerrero de rodillas debe poseer antes de doblar sus rodillas en oración. La oración comienza en nuestros sentimientos y pensamientos acerca de Dios, de su poder, de su voluntad de actuar; y de nuestra disposición a creer que sus promesas son absolutamente alcanzables a través de la oración.

Capítulo 2

¡NO TOQUE LA CAMPANA!

LOS SEAL DE LA MARINA TOMARON POR ASALTO el recinto secreto del connotado terrorista Osama bin Laden en una zona remota de Pakistán en mayo de 2011. En tan solo cuarenta minutos encontraron y mataron a este genio del mal y estaban de vuelta en su helicóptero rumbo a un lugar seguro. Pero estos chicos no se convirtieron en feroces máquinas de combate de la noche a la mañana.

La primera fase de la formación para ser un SEAL de la Marina tiene una duración de ocho agotadoras semanas. A mitad de estas rigurosas semanas, hay una llamada *semana infierno*. La intensidad crece de manera significativa durante esta última prueba de salud mental, física y fuerza emocional. Los candidatos solo duermen cuatro horas en un período de ciento treinta y dos horas, en un ambiente húmedo y frío todo el tiempo. En este período son obligados a nadar por el barro, empujar troncos cuesta arriba en terrenos arenosos, y a cargar embarcaciones con sus propias manos; todo teniendo raspaduras, hemorragias, heridas abiertas y músculos cansados.

Para agravar la fatiga, a algunos de estos jóvenes les gritan; de hecho, se burlan de ellos durante todo el proceso. Los insultan y los instan a desistir. Y más del setenta por ciento lo hace. Hay una gran campana que cuelga en el Centro Especial de Guerra. E independientemente de quien la toque y del momento en que suene, su sonido señala que un aprendiz de SEAL ha desistido. Para ese individuo el aparentemente desquiciado entrenamiento ha terminado. Se le quita su casco y se coloca en el suelo debajo de la campana. Él ha declarado públicamente que convertirse en un SEAL de la Marina simplemente no vale la pena. Él ha elegido seguir siendo un soldado común en lugar de soportar el rigor, la disciplina, y la angustia mental necesaria para unirse a las filas élite de los SEAL de la Marina.

¡NO DESISTA!

En Lucas 18:1 Jesús enseñó a sus doce reclutas "que debían orar siempre, sin desanimarse". El mensaje de Jesús es: "¡No desistas! ¡No toques la campana!". Su consejo es seguido por la parábola de una viuda persistente que ilustra el valor de una vida marcada por la oración.

Esta viuda buscó la justicia a través del juez local. Pero el juez era corrupto y se negó a concederle justicia aunque ella compareció ante él en varias ocasiones. Su desprecio hacia las víctimas, como esta viuda, lucía aun peor por su irreverencia al Señor. Pero la viuda no se inmutó por la falta de compasión del juez y su inclinación a los sobornos. Su persistencia dio lugar a una sentencia favorable. El juez se cansó de sus reiteradas solicitudes de justicia (vv. 4–6). Fue puramente su persistencia sin paliativos lo que lo cansó.

Dios espera que clamemos a Él de día y de noche. Dios no ignorará nuestras peticiones de justicia.

La parábola de la viuda persistente refuerza nuestro llamado a la vigilancia y a la perseverancia en la oración. Aunque no recibió respuesta la primera vez que acudió, la viuda ganó en última instancia la justicia que buscaba, gracias a su persistencia. Ella simboliza el mensaje de Jesús para nosotros: "¡No desistas! ¡No toques la campana!", a pesar de las dificultades o aunque demore la respuesta.

La parábola termina con esta declaración: "¿Acaso Dios no hará justicia a sus escogidos, que claman a él día y noche? ¿Se tardará mucho en responderles? Les digo que sí les hará justicia, y sin demora. No obstante, cuando venga el Hijo del hombre, ¿encontrará fe en la tierra?" (vv. 7–8). Dios espera que clamemos a Él de día y de noche. A diferencia del juez injusto, Dios no ignorará nuestras peticiones de justicia.

Desánimo y falta de oración

Una deficiencia en la persistencia y vitalidad de nuestra vida de oración, puede significar que nos hemos desanimado. El grito silencioso de muchos es: "¿Por qué Dios no ha contestado mis oraciones? ¿Por qué guarda silencio conmigo?". Los creyentes desanimados a menudo desarrollan una vida espiritual apática. "Tocan la campana", abandonando el llamado a la guerra espiritual, y sus cascos de oración ferviente caen al suelo con un marcado sonido a decepción. Esto puede sucederle a cualquiera que no esté al tanto de la habilidad y las tácticas de Satanás en el uso de las armas del desaliento.

Afortunadamente, este tipo de desaliento se puede combatir. Con mucha frecuencia, los creyentes sólidos dejan de orar y abandonan su llamado a la guerra espiritual, dejando la responsabilidad de ser guerreros de rodillas a otros. Desistir se ha convertido en algo común en nuestra generación y, cuando oramos, gran parte de nuestras oraciones reflejan la preocupación por nuestras propias vidas.

Un guerrero de rodillas tiene la tarea de buscar el mejoramiento y la expansión del Reino de Dios. Un guerrero de rodillas mira el futuro del cristianismo y no solo su propio futuro. Un guerrero de rodillas se preocupa por el tejido moral de la sociedad y por la manera de comunicar la cosmovisión bíblica a nuestra cultura caída. Similar a la clase de lucha que los SEAL de la Marina se comprometen a llevar a cabo, nuestras oraciones deben incluir oraciones por la apertura a gran escala de la gente hacia el evangelio de Jesucristo. Con este nivel de responsabilidad sobre nuestros hombros, no podemos darnos el lujo de tocar la campana en lo que respecta a la oración. Debemos entender profundamente cómo participar en la guerra espiritual para que las cosmovisiones, las filosofías y las enseñanzas diabólicas de los Osama bin Laden y otros seres déspotas de la sociedad de nuestra época puedan ser aniquiladas. Las oraciones que reflejan la verdadera guerra espiritual deben ser estratégicas y poderosas para que el mal del mundo se vea ensombrecido por la asombrosa gracia de Dios.

Otra responsabilidad clave de los guerreros de rodillas es motivar e incentivar a los *intercesores* desertores a volver a sus lugares de oración. La palabra *intercesor* es la palabra hebrea *paga*, que significa reunirse (juntarse), interponerse, una causa para suplicar y alcanzar. Captura la función y el comportamiento de un intermediario, un abogado, o una representante. Cuando se asocia con la oración, significa un intermediario, un defensor o un abogado que lleva el caso del pueblo a Dios en oración. La efectividad en este aspecto requiere descubrir en primer lugar por qué algunos abandonan.

Por qué algunos tocan la campana

Independientemente de su edad, sexo, etnia u origen nacional, la ley de la gravedad dicta que usted se estrellará contra suelo a una velocidad de diez metros por segundo si salta desde el techo de un edificio.[1] Esta ley es tanto constante como no negociable. De la misma manera, hay leyes asociadas con la oración que son constantes y no negociables.

Las oraciones que reflejan la verdadera guerra espiritual deben ser estratégicas y de gran alcance para que el mundo del mal se vea ensombrecido por la asombrosa gracia de Dios.

Entonces, ¿cuál es la razón por la que muchos creyentes tocan la campana? Sencillo: No entienden las leyes de la oración. No podemos culpar a Dios. Él claramente declara que "se complace en la oración de los justos" (Pr. 15:8). El poder de Dios coincide con la generosidad de su corazón. Es una enseñanza fundamental de la Biblia que Dios es omnipotente, todopoderoso. Pero aunque Dios nos ama y quiere lo mejor para nosotros, Él no puede ignorar sus propias leyes de oración.

La viuda sabía que su persistencia significaba que ella tendría que "pedir". Y en repetidas ocasiones le pidió al juez justicia. Jesús subrayó esto cuando dijo: "que debían orar siempre, sin desanimarse" (Lc. 18:1). Con este pensamiento en mente, Martin Lutero dijo: "Cuando deseo apoderarme de una promesa [...] la miro como a un árbol frutal [...] Para conseguirla, el árbol debe ser sacudido una y otra vez".[2]

Dios quiere que le pidamos porque Él se deleita en contestarnos. Debemos ir persistentemente tras sus promesas porque eso le agrada.

Hay cuatro razones comunes por las que las oraciones quedan sin respuesta:

1. La oración puede reflejar malas intenciones y motivaciones deshonestas.
2. La oración puede estar fuera de la voluntad de Dios.
3. La oración no es seguida de la acción.
4. El orador duda de la capacidad de Dios o de su disposición de responder a sus oraciones.

Por ejemplo, si estamos orando por un nuevo trabajo, es importante tener claro si deseamos el trabajo solo para hacernos ricos o porque forma parte de la voluntad de Dios para nuestra vida. ¿Estamos orando por un nuevo trabajo, pero no tomamos las acciones necesarias de preparar nuestro currículo y buscar constantemente las oportunidades de trabajo en todas las fuentes posibles? Si la búsqueda toma más tiempo de lo previsto, ¿dudamos de Dios y de su disposición de responder nuestra oración? Evitar estas cuatro trampas nos llevarán naturalmente de regreso a una vida de oración. A diferencia de los SEAL de la Marina, en el Reino de Dios una persona puede reincorporarse a las filas de los guerreros de rodillas, recoger su casco y colocarlo de nuevo en su cabeza en un momento dado. Eso es exactamente lo que debemos hacer.

Las oraciones sin respuesta nacen de malas intenciones

Las intenciones son determinantes ante los ojos del Señor. Santiago, el apóstol que supuestamente murió con rodillas de camello a causa de su vida de oración, escribió: "No tienen, porque no piden. Y cuando piden, no reciben porque piden con malas intenciones, para satisfacer sus propias pasiones" (Stg. 4:2–3). El "principio Santiago" nos enseña que la oración eficaz requiere que el orador tenga los motivos correctos.

La rectitud moral y la necesidad de justicia de la viuda, la impulsaron a mantener una actitud de persistencia. Su motivo para buscar justicia era puro, sincero y honraba a Dios. Por lo tanto, este punto debe ser tachado de la lista de las cuatro razones por las que las oraciones quedan sin respuesta.

La oración eficaz requiere que el orador tenga los motivos correctos.

En su libro *God Has a Dream* (Dios tiene un sueño) el arzobispo Desmond Tutu escribió:

> "Durante los días más difíciles del *apartheid*, le dije a P. W. Botha, presidente de Sudáfrica, que ya habíamos triunfado, y lo invité a él y a otros sudafricanos blancos a que se nos unieran. "Objetivamente", todo estaba en contra de nosotros: las leyes aprobadas, las detenciones, el lanzamiento de gases lacrimógenos, las masacres, el asesinato de dirigentes políticos. Sin embargo, yo confiaba en las leyes del universo de Dios [...]. El universo de Dios es moral, lo que significa que, a pesar de todas las evidencias que parezcan indica lo contrario, la maldad, la injusticia, la opresión y la mentira no podrán prevalecer. A Dios le importan el bien y el mal".[3]

La revelación del arzobispo Tutu de que Dios creó el universo en un eje moral, lo animó a él y a otros sudafricanos a mantenerse vigilantes en sus oraciones y a buscar la justicia. Sus lamentos no se quedaron sin respuesta. La segregación racial fue legislativa y moralmente anulada como una práctica inhumana.

Esta ley de la oración nos obliga a madurar

espiritualmente para que no miremos a Dios como una especie de hombre rico cuya obligación es darnos todo lo que le pedimos. Nuestras intenciones han de ser inspeccionadas y encontradas justas para que nuestras oraciones sean contestadas por el Señor.

Dios no obtiene ninguna gloria por las oraciones sin respuesta.

Evaluar nuestros motivos requiere tanto de habilidad como de honestidad. Los motivos se componen de pasiones, deseos y de deseos no satisfechos. Si bien estas cosas a menudo parecen ser muy inocentes en la superficie, cuando se contrastan con la luz de las Sagradas Escrituras, pueden llegar a ser solo meras fantasías. Para determinar si nuestra pasión es incorrecta, preguntémonos lo siguiente:

- Si recibo mi petición de oración, ¿compartiré libremente las bendiciones con los demás?
- ¿Se beneficiará el Reino de Dios con la respuesta a mi oración?
- ¿Esta oración contestada me acercará más a Dios o me distanciará de Él?
- ¿Por qué he estado orando por estas cosas?
- ¿Qué estoy realmente buscando?

Estas preguntas introspectivas ayudan a clarificar nuestras motivaciones para que no se viole esta ley de oración. Una intención equivocada es síntoma de algún déficit en nuestra vida que debe ser abordado. Si no se controla, el problema va a introducirse en otros aspectos, haciéndonos espiritualmente insalubres. La otra cara de la moneda es igualmente significativa. Una vez que nuestros motivos están alineados con las normas de Dios, las respuestas a nuestras oraciones son aseguradas.

Recordemos que Dios no obtiene ninguna gloria por las oraciones sin respuesta. Nuestra voluntad de agradarle y de glorificar su nombre aumenta exponencialmente a medida que nuestras oraciones son contestadas. Dios no merece más nuestra alabanza cuando contesta nuestras oraciones, pero la realidad es que nos alineamos más con Él en nuestra motivación y por eso lo alabamos más. Intentemos tener motivos piadosos como la viuda persistente, y Dios responderá nuestras oraciones.

Las oraciones sin respuesta son una consecuencia de no estar en armonía con la voluntad de Dios

Durante mis días de precristiano, sabía por experiencia propia lo que era vivir fuera de la voluntad de Dios, y que no era un espectáculo agradable. Era una vida llena de dolor, dificultades, confusión e incertidumbre. Por el contrario, la voluntad de Dios es una vida de tranquilidad, satisfacción y certeza. Con esto no estoy diciendo que la vida dentro de la voluntad de Dios está exenta de las preocupaciones del mundo. Ciertamente hay retos que todavía tendremos que atravesar. Pero cuando estamos en armonía con la voluntad de Dios, experimentamos la paz que sobrepasa todo entendimiento. También disfrutamos de la certeza de que "Dios dispone todas las cosas para el bien de quienes lo aman, los que han sido llamados de acuerdo con su propósito" (Ro. 8:28), independientemente de las dificultades que haya en el camino.

Una de las formas en que Dios nos protege de nosotros mismos, es no respondiendo a todas nuestras oraciones. Él no contesta oraciones que nos alejan de su voluntad. La Biblia enseña: "Esta es la confianza que tenemos al acercarnos a Dios: que si pedimos conforme a su voluntad, Él nos oye. Y si sabemos que Dios oye todas nuestras oraciones, podemos estar seguros de que ya tenemos lo que le hemos pedido" (1 Jn. 5:14–15). La oración es un don de Dios. Nuestras peticiones de oración deben fluir del deseo de mantener una relación sana y vibrante con Él. No podemos permitir que nuestros corazones se enfríen y se desconecten de Dios, y Dios no quiere que vivamos fuera de la comunión con Él. La voluntad de Dios garantiza una relación saludable con Él. Para protegernos de que nos aventuremos más allá de su voluntad, Dios estableció esta ley de la oración: "No puedo responder oraciones que te aparten de mi voluntad".

La voluntad de Dios refleja su deseo, intención, plan y propósito para nuestras vidas. Ser un siervo del Señor hace que vivir en su voluntad sea de suma importancia. Vivir en la voluntad de Dios también ofrece una sensación de seguridad que produce confianza en nuestra capacidad para acercarnos a Dios en oración. Esta es la médula de la declaración del apóstol Juan sobre la confianza que debemos tener en la oración: solicitar cosas en la voluntad de Dios nos da la confianza de recibir una audiencia con Dios y de obtener la petición solicitada. Valorar la voluntad de Dios significa que complacerlo es tan importante para nosotros que no deseamos nada fuera de ella. Nuestra relación con Dios es tan sagrada, que nuestros anhelos, aspiraciones y deseos se pueden cumplir dentro la voluntad de Dios. Nuestro corazón encuentra descanso en la voluntad de Dios. Sobre la base de esta seguridad, tendremos siempre confianza para pedir en oración. Sabemos que tenemos el favor Dios, y que nuestras peticiones le agradan. Lo hermoso del caso es que Él también lo sabe.

Una de las maneras en que Dios nos protege de nosotros mismos, es no respondiendo a todas nuestras oraciones.

La viuda persistente tenía confianza y paz, pues estaba segura de que su petición estaba en consonancia con la voluntad de Dios. Dios está siempre a favor de la justicia, y siempre está en contra la injusticia. No hubo violación de su parte respecto a esta ley de la oración. Ella estaba en lo correcto.

No se desespere si sus oraciones no están siendo contestadas. Más bien, examine su petición para determinar si está en consonancia con la voluntad de Dios. Si no es así, olvide esa petición. De todas maneras, ¿qué alegría se puede obtener de recibir la respuesta a una oración si el resultado se aleja de la voluntad de Dios? Un guerrero fidedigno busca cumplir la voluntad de su comandante en jefe y de su país. En nuestro caso, el propósito de nuestro Comandante, el Señor Jesús, es que vivamos en el centro de su voluntad.

Las oraciones sin respuesta son una consecuencia de no actuar

La viuda persistente nunca permitió que el desaliento le impidiera actuar. Después de cada rechazo del juez, caminaba por el pueblo para volver a casa. Imaginemos la vida en aquellos pequeños pueblos del Oriente Medio, donde las conversaciones con los vecinos son inevitables. ¿Cuántas veces tuvo que contar la falta de voluntad del juez de concederle justicia? Aunque la Escritura guarda silencio sobre este punto en particular, está claro que ella no se inmutó por la actitud indiferente del juez o de las risitas de sus vecinos para con su caso. Probablemente le tocó animarse a sí misma una y otra vez antes de volver a la corte en busca de justicia. Pero esta viuda persistente comprendía que actuar es una de las leyes de la oración.

La oración nos da la sabiduría para saber cómo avanzar y qué decir cuando hemos estado orando para que algo ocurra.

Muchas personas oran, pero pocos actúan. Es como si consideráramos actuar como algo inadecuado. Nada podría estar más lejos de la verdad. La viuda sabía que cualquier tipo de justicia que ella tomara por su propia mano, fuera de la decisión del juez, no sería oficial y no podría ser defendida. El juez debía rendir un fallo, y habría sido imposible recibir la justicia si ella permanecía simplemente en casa orando para que llegara.

Dios usa dos cosas para impulsar a las personas a actuar: la verdad y la oración. Nuestra responsabilidad es orar por las circunstancias y por aquellos involucrados en una situación determinada. La oración nos da la sabiduría para saber cómo avanzar y qué decir cuando hemos estado orando para que algo ocurra. La verdad es la información que se usa para enganchar la mente y agitar el corazón. Orar por el estado espiritual de nuestros seres queridos es bueno. Definitivamente, la voluntad de Dios es que conozcan la salvación del Señor Jesucristo, pero la oración en sí misma no va a salvarlos. La oración ablandará su corazón hacia Cristo y hacia el evangelio, creando las circunstancias necesarias y la mentalidad que les permita aceptar el mensaje del evangelio. Pero, en algún momento la verdad del evangelio debe ser presentada para que puedan alcanzar una decisión. Dios creó a los seres humanos para que la verdad los conmoviera. Es por ello que Pablo declaró: "No me avergüenzo del evangelio, pues es poder de Dios para la salvación de todos los que creen" (Ro. 1:16). El creer viene por el oír. Antes de que uno puede creer, debe haber oído la verdad del evangelio. La oración y la verdad van de la mano para producir cambios en la vida de las personas.

Del mismo modo, la oración y la acción van de la mano. La persistente viuda oró y actuó. Muchas personas tocan la campana y caen en un déficit de oración porque han malentendido esta ley de la oración. Esperaron a que Dios actuara después de su extensa oración, suponiendo que no requerían de acción. Mientras tanto, Dios estaba esperando que ellos actuaran para responder.

Escuché una historia divertida sobre un hombre que estaba en una isla desierta que se estaba hundiendo lentamente en el océano. Desesperado por su vida, clamó a Dios: "¡Señor, sálvame! ¡No me quiero ahogar!". A los pocos minutos, un enorme barco se acercó. El capitán notó que la isla se hundía y oyó al hombre clamar, pidiendo ayuda a Dios. Desde los altavoces de la nave, le dijo al hombre: "No se desespere, voy a enviar un bote con remos a rescatarle". El hombre de la isla gritó: "No se moleste, Dios me rescatará". Aunque la respuesta del hombre era extraña, el capitán se retiró del lugar. Como la isla seguía hundiéndose, el hombre siguió orando por la ayuda de Dios. Poco después un helicóptero se acercó a la isla. El piloto le dijo al hombre: "Voy a lanzar una cuerda para que usted pueda subir". El hombre señaló al piloto que no debía molestarse porque Dios lo rescataría en breve. El piloto meneó la cabeza extrañado y se alejó.

Un par de horas después, la isla se hundió y el hombre se ahogó. Al momento siguiente, el hombre se encontró de pie frente a las puertas del cielo con una mirada inquisitiva en su rostro. San Pedro le preguntó qué le pasaba. Él hombre dijo: "Acabo de morir ahogado, ¿por qué Dios no contestó mis oraciones pidiendo ayuda?". Pedro respondió: "Dios te envió un barco y un helicóptero. ¿Qué más querías? ¡Jamás actuaste!".

Repito: la falta de oración de muchos creyentes bien intencionados es causada por el desánimo, un subproducto de su propia falta de acción. Orar no puede ni debe anular nuestra responsabilidad de actuar. Solo debemos abstenernos de actuar cuando el Espíritu Santo nos convence de que estamos actuando con impulsividad o premura. En ese momento, sentiremos su voz hablando a nuestro corazón, diciendo: "¡Espera! ¡No hagas nada en este momento!". Pero si no estamos seguros de que esos pensamientos son de nuestra propia mente o de la mente de Dios, tomemos unos minutos para buscar el consejo de una persona que sea espiritualmente madura. Una conversación rápida con un guerrero más experimentado podría ayudarnos a aclarar el curso de acción que debemos tomar.

La Palabra de Dios está llena de poder y de todos los otros ingredientes vitales necesarios para liberar sus promesas. Nuestro papel es confiar en Él mientras oramos.

Hagamos lo que hagamos, la oración no debe ser el resultado final. Si hemos violado la ley de la oración por no actuar, pidámosle a Dios que dirija nuestros pasos como parte de nuestro objetivo de agradarle. Encontraremos que actuar será un ingrediente positivo para nuestra vida de oración.

LAS ORACIONES SIN RESPUESTA SON UNA CONSECUENCIA DE DUDAR DE LA CAPACIDAD DE DIOS

La fe es fundamental para lograr y mantener una vida espiritual saludable. El escritor de Hebreos nos dice: "Sin fe es imposible agradar a Dios" (Heb. 11:6). Lo contrario es igualmente cierto: la duda desagrada a Dios. Una de las leyes de la oración es siempre basar nuestras peticiones en la fe. La Biblia lo dice de esta manera: "Pero que pida con fe, sin dudar, porque quien duda es como las olas del mar, agitadas y llevadas de un lado a otro por el viento. Quien es así no piense que va a recibir cosa alguna del Señor; es indeciso e inconstante en todo lo que hace" (Stg. 1:6–8). El apóstol Santiago enseñó que la duda tiene sus raíces en la incertidumbre. Esto significa que cuestionamos y dudamos de la capacidad de Dios. La duda pregunta: "¿Tiene Dios el poder de conceder mi petición? Y, ¿está Dios dispuesto a conceder mi petición a pesar de que Él tiene el poder?".

Ambas preguntas son acusaciones en contra de la naturaleza de un Dios amoroso y todopoderoso. Estas preguntas también acusan a Dios de mentirnos. Dios nos dice claramente que clamemos a Él y Él nos contestará (ver Jer. 33:3). Sin embargo, una disposición dudosa cuestiona la confiabilidad de Dios. Es importante recordar que Dios no dice nada que no tenga la intención de hacer. Él es la personificación de la integridad y la credibilidad. Su Palabra es su fianza. Él honra todos los aspectos de su Palabra. Ella es absolutamente infalible. La Palabra de Dios está llena de poder y de todos los ingredientes vitales necesarios para cumplir sus promesas. Nuestro papel es confiar en Él cuando oramos. Tener fe en Dios es demostrar que confiamos en Él.

La parábola de la viuda persistente es una lección sobre cómo debemos orar sin cesar. Ilustra lo que significa tener fe en Dios frente a la oposición humana y un flagrante desprecio por la justicia. Podemos inferir de esta parábola que la viuda no estaba repitiendo oraciones mecánicas, desprovistas de un verdadero sentimiento del corazón y de una aceptación genuina de la voluntad de Dios, las cuales nos privan de la plenitud de una vida dirigida por el Espíritu. Las oraciones mecánicas son rígidas y rebuscadas y no producen las respuestas que deseamos del Señor. La fe en Dios, por otro lado, es fluida. Requiere de un compromiso emocional y espiritual continuo. Debemos decidir creer en Dios. Debemos elegir intencionadamente confiar en las promesas de Dios, hoy.

Los aprendices de SEAL de la Marina que tocan la campana y renuncian, jamás conocerán el gozo del heroísmo. El ardiente deseo que una vez tuvieron de convertirse en un SEAL se apagó por el rigor del entrenamiento. No permitamos que esto nos suceda en nuestro camino a convertirnos en un guerrero de rodillas. Mantengamos un ojo vigilante sobre las cuatro causas comunes de desaliento y de la falta de oración, para evitar un resultado similar.

No permitamos que las palabras de Jesús caigan en tierra sin tener frutos. Oremos sin darnos por vencidos.

Las leyes de la oración se pueden aprender. Y una vez que las dominemos, invariablemente comenzaremos a crecer en el poder de la oración. Probablemente nos encontraremos con creyentes desanimados y podremos ayudarlos a descubrir las razones por las que sus oraciones no han sido contestadas. Podremos ayudarlos a recoger sus cascos, a sacudirse el desaliento de sus mentes y reincorporarse a las filas de los guerreros de rodillas.

No permitamos que las palabras de Jesús caigan en tierra sin tener frutos. Oremos sin darnos por vencido. Al obedecer este mandato, el gozo de la obediencia será nuestro, y el misterio que rodea a la oración nos será dado a conocer, ya que Dios se deleita en contestar oraciones. El mandato de nuestro general es: “¡No toques la campana!”.

En 1944, durante la II Guerra Mundial, el Teniente japonés Hiroo Onoda fue enviado a una isla remota en Filipinas. Las órdenes eran hacer todo lo posible para obstaculizar los ataques enemigos en la isla. Unió fuerzas con un grupo de soldados que ya estaban allí, pero pasado un mes, todos sus hombres, excepto cuatro de ellos, murieron en la batalla. Onoda y los otros huyeron a las montañas.

En 1945 comenzaron a ver panfletos declarando que la guerra había terminado, pero Onoda los tomó como propaganda. En los siguientes años, los demás se rindieron o murieron uno por uno, pero Onoda mantuvo su posición e incluso continuó sus actividades guerrilleras hasta 1974, ¡veintinueve años después! Onoda finalmente conoció en la isla a un desertor universitario llamado Suzuki, un mochilero, que le explicó que la guerra había terminado hacía casi treinta años. El soldado dedicado seguía reacio a creerlo. Finalmente, su antiguo comandante, que hacía tiempo que se había retirado, voló a la isla y le dio a Onoda la orden de deponer las armas.[4]

Al igual que el teniente Onoda, debemos aprender a seguir luchando hasta que nuestro comandante en jefe, Jesucristo, nos diga que depongamos las armas. ¡No toquemos la campana hasta que escuchemos el mandato de Jesús de bajar los brazos y dejar de orar!

Capítulo 3

LA VIDA DEL GUERRERO

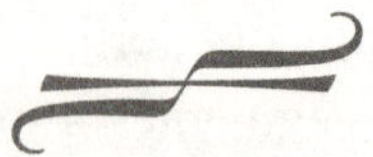

YO AÚN ERA MUY JOVEN E INEXPERTO EN EL ministerio pastoral cuando me invitaron a hablar en una conferencia junto a un grupo de gigantes espirituales. Con mis treinta y dos años de edad, estaba claro de mi inmadurez entre estos predicadores tan conocidos, pero acepté la invitación esperando que mi pequeña contribución ayudara al menos a alguien en el público. En la segunda mañana de las conferencias, decidí asistir a las reuniones de oración previas. Para mi sorpresa, uno de los oradores, un experimentado y talentoso predicador, también estaba presente. Todos los presentes habían ido a las reuniones de madrugada por la misma razón: para buscar al Señor.

Mientras observaba al veterano predicador, me pregunté: "¿Qué peticiones puede hacer un hombre como este luego de cincuenta fructíferos años de servicio a

Dios?". Me sentía como un niño junto a esta leyenda, así que sigilosamente me acerqué a él cuando llegó el momento de arrodillarnos ante el altar. Quería escuchar las peticiones en oración de este santo de cabellos canosos. Mis oídos se agudizaron cuando le oí orar: "Señor, ayúdame a caminar contigo con integridad y con una inocencia infantil. Ayúdame a desarrollar una vida de oración que refleje un valor genuino de lo que Jesús hizo por mí en la cruz".

Fue inevitable preguntarme si este sería el tipo de oración que yo haría luego de cincuenta años de caminar con el Señor. Estuve preocupado por este asunto durante el resto de las conferencias. Finalmente, llegué a la conclusión de que el estilo de vida de un guerrero de rodillas se basa en vivir en un estado de preparación para la batalla. La oración juvenil del veterano me permitió ver que él seguía peleando la buena batalla de la fe con entusiasmo. Y eso se convirtió en mi nueva meta de vida, tal como lo fue para la leyenda espiritual que había espiado. La sencillez de su oración mostró que su relación con Jesús seguía siendo vibrante y que aún estaba enamorado del Salvador. La simplicidad infantil y el respeto por el señorío de Jesucristo es una habilidad fundamental del guerrero de rodillas para mantenerse en preparación para la batalla. El llamado a la batalla espiritual parte de allí.

El llamado a orar

Algo estalló en la vida del discípulo sin nombre cuando vio orar a Jesús. Las Escrituras describen la escena de esta manera: "Un día estaba Jesús orando en cierto lugar.

Cuando terminó, le dijo uno de sus discípulos: 'Señor, enséñanos a orar, así como Juan enseñó a sus discípulos'" (Lc. 11:1). ¿Qué presenció este discípulo? ¿Estaba impresionado por la conexión íntima entre Jesús y Dios el Padre? ¿Era la alegría desenfrenada que emanaba de Jesús cuando estaba en comunión con Dios? ¿Fue la certeza de que Dios respondería todas las peticiones de Jesús? Independientemente de lo que haya captado la atención de este discípulo, lo importante es que él reconoció que también podía tener ese tipo de relación con el Padre si sabía cómo orar.

La simplicidad infantil y el respeto por el señorío de Jesucristo, es una habilidad fundamental del guerrero de rodillas para mantenerse en preparación para la batalla.

Una noche le estaba explicando a mi congregación que la oración es como una calle de doble sentido: primero hablamos nosotros y luego en silencio escuchamos la respuesta de Dios. Ylonda, una de las damas, compartió esta historia conmigo con entusiasmo:

> "Hace años, el hijo de cuatro años de mi mejor amiga fue hospitalizado y estuvo al borde de la muerte debido a una enfermedad cerebral. Era algo similar a la encefalitis, pero no era esta enfermedad. Vanessa era muy activa en su iglesia y, como podrá imaginar, muchos fueron a visitarla para orar con ella en el hospital. Algunos días veía a personas orando con Vanessa

junto a la cama de su hijo durante horas; pero una vez que se alejaban, algunos de ellos, a quienes consideraba fuertes líderes espirituales, comenzaban a llorar con desesperanza.

Un día, luego de presenciar otra ronda de personas entrando y saliendo de la habitación del niño, fui y me senté junto a Vanessa. Ella estaba mirando a su hijo Caleb, acariciando su mano y sonriendo con verdadera alegría. Sin querer ser demasiado gráfica, le puedo decir que el chico parecía uno de esos niños del tercer mundo que aparecen en los comerciales de *Save the Children*. Su cuerpo estaba demacrado, y no podía cerrar su boca, por lo que sus labios estaban secos y agrietados. Y pensar que unas pocas semanas antes, el pequeño había estado afuera montando su bicicleta, tan travieso y tan animoso como cualquier otro niño. Abracé a Vanessa, y ella me sonrió como siempre solía hacerlo. Luego me susurró: "Dios es bueno, mira lo guapo que Caleb se ve hoy". Y entonces repitió varias veces: "Gracias, Dios, por la curación de mi bebé". En ese momento, hace unos diez años, pensé: *Como me gustaría poder orar así*. Durante meses, médico tras médico solo entraban a dar pronósticos desalentadores, y Vanessa sonreía y decía: "Usted cree que es así, ¿eh?".

Años más tarde, cuando hablamos de la recuperación de Caleb, le pregunté sobre esos episodios. Vanessa simplemente dijo:

> "Los médicos no podían oír lo que Dios me estaba diciendo".

La historia de Ylonda destacaba exactamente lo que yo había estado enseñando: la oración requiere escuchar tanto o más que hablar. Debemos guardar silencio y escuchar lo que Dios nos dice sobre nuestras peticiones.

En el momento en que Jesús terminó de orar, el discípulo, como un niño que quiere aprender, lanzó su solicitud de: "Enséñanos a orar". Se armó de valor y humildad para admitir su ignorancia en cuanto a la oración. Estaba reconociendo su posición humilde y mostrando una pertinente reverencia a la elevada estatura del Maestro. Este discípulo sin nombre quería desesperadamente tener una conexión real y satisfactoria con el Dios todopoderoso como la que Jesús tenía, y sintió la necesidad de aprender cómo tenerla.

Del mismo modo, comenzamos a responder al llamado a la oración admitiendo que necesitamos aprender. San Agustín, una de las mayores y más importantes figuras de la iglesia occidental antigua, dijo: "La humildad es el fundamento de todas las virtudes, por lo tanto, en el alma en la que no existe esta virtud no puede haber ninguna otra virtud excepto en mera apariencia".[1]

LA HUMILDAD ES EL PUNTO DE PARTIDA DE LA ORACIÓN

Charles Spurgeon dijo: "Humildad es hacer una estimación correcta de uno mismo".[2] La Biblia enseña que "el orgullo lleva a la deshonra, pero con la humildad viene la sabiduría" (Pr. 11:2, NTV). El discípulo no identificado reconoció su necesidad de un fundamento sólido en la oración. No dejó que su orgullo obstruyera su profundo deseo de conectarse con Dios. Los otros discípulos estaban alrededor, y estoy seguro de que se sintió un poco incómodo mostrándose tan vulnerable frente a los otros chicos. Sin embargo, permitió que la humildad abriera la puerta a una experiencia más profunda de intimidad con Dios.

Del mismo modo, si queremos llegar a ser un poderoso guerrero de rodillas, debemos admitir nuestra necesidad de aprender más sobre la oración. Nadie lo puede hacer por nosotros. Priscilla Shirer, una profesora de Biblia y escritora, admite: "Cuando yo no escuchaba a Dios [...] veía que Dios a veces le hablaba a la gente que estaba dispuesta a escucharlo, y me di cuenta de que tal vez Dios estaba esperando a que yo me mostrara dispuesta a escuchar su voz".[3] Incluso después de leer toneladas de libros sobre la oración, me he enfrentado cara a cara con mi propia ignorancia sobre la profundidad y amplitud de esta esencial práctica espiritual. Cada paso en el camino me ha llevado a reconocer cada vez más el valor de la oración. Esto ha desarrollado una pasión más fuerte dentro de mí para ser más astuto en el arte de la oración.

Aprender a orar requiere valorar primero la oración. Convertirnos en aprendices y absorber los principios académicos de la oración ciertamente nos dará una comprensión intelectual de sus principios. Pero conectarnos con Dios de una manera profunda y significativa comienza con mansedumbre y con un sincero reconocimiento de la intimidad espiritual que podemos tener con Dios.

En su clásico libro *La búsqueda de Dios*, A. W. Tozer escribió: "Acérquese a los santos hombres y mujeres del pasado y pronto sentirá el calor de su deseo de Dios. Ellos lloraron por Él, oraron, lucharon y lo buscaron de día y de noche, a tiempo y a destiempo, y cuando lo hallaron, ese hallazgo fue lo más dulce de la larga búsqueda".[4] Estos creyentes históricos aprendieron que la verdadera oración comienza con la búsqueda de una relación sana y vibrante con Dios.

TENGAMOS CONFIANZA EN DIOS

Dios realmente se preocupa por nuestro bienestar. La oración comienza cuando nos acercamos a Él con confianza, reflejando el hecho de que nos sentimos bienvenidos al acercarnos a Él. Sin embargo, este acercamiento franco no implica irreverencia hacia Dios. Al estar en relación con Dios, tenemos el derecho de suponer que Dios ya nos conoce y de que ya lo conocemos. Así, la formalidad o la soberbia en la oración son cosas totalmente inapropiadas. La oración nos invita a acercarnos a Dios de la manera que lo haríamos con un amigo cercano, aunque todopoderoso, que se siente bien con nuestras palabras y nuestra actitud directa.

En una ocasión en que Jesús oró de manera decidida junto a la tumba de Lázaro, su confianza en que tenía la atención de Dios en sus oraciones enmarcó su petición: "Padre, te doy gracias porque me has escuchado. Ya sabía yo que siempre me escuchas" (Jn. 11:41–42). A nosotros también se nos insta a cultivar este nivel de confianza con Dios antes de orar. El escritor de Hebreos dijo: "Así que acerquémonos *confiadamente* al trono de la gracia para recibir misericordia y hallar la gracia que nos ayude en el momento que más la necesitemos" (Heb. 4:16, itálicas añadidas).

La oración comienza cuando nos acercamos con la confianza que refleja el hecho de que nos sentimos bienvenidos al acercarnos a Él.

La oración efectiva viene como consecuencia de tener confianza en acercarse a Dios. Juan escribió: "Esta es la confianza que tenemos al acercarnos a Dios: que si pedimos conforme a su voluntad, él nos oye. Y si sabemos que Dios oye todas nuestras oraciones, podemos estar seguros de que ya tenemos lo que le hemos pedido" (1 Jn. 5:14–15). ¿De dónde viene esa confianza? Este nivel de certeza requiere de una vulnerabilidad total delante de Dios. Debemos estar dispuestos a permitirle explorar nuestra vida y dejarlo que nos guíe hacia el camino correcto, moral y ético. Debemos también darle la libertad de pastorearnos de la manera que Él estime apropiada. Y debemos recibir de todo corazón su dirección, corrección y amor.

Nuestra confianza en acercarnos a Dios también se basa en el conocimiento de que su trono está lleno de *misericordia* y *gracia*. La misericordia conlleva una comprensión empática de la fragilidad de la humanidad. Es por ello que Hebreos 4:15 dice: "Porque no tenemos un sumo sacerdote incapaz de compadecerse de nuestras debilidades, sino uno que ha sido tentado en todo de la misma manera que nosotros, aunque sin pecado". Dios entiende la necesidad de ayuda de la humanidad a pesar de que Cristo, siendo Dios hecho carne, nunca pecó. La confianza que tenemos en acercarnos a Dios se origina al comprender que Él nunca nos condena. Podemos acercarnos confiadamente porque Él entiende *cómo* y *por qué* necesitamos de su ayuda.

La gracia comunica la voluntad de Dios de darnos la capacidad de *ser* y *hacer* lo que Él nos ha asignado. La gracia extiende el poder a través del Espíritu Santo, para que podamos ver el propósito que Dios desea llevar a cabo en nosotros. Esta generosa realidad relacionada con el trono de Dios nos hace comparecer ante Él con una confianza acogedora. La única intención de Dios es mejorar y fortalecer nuestra vida. Incluso cuando pecamos, su reacción no es lastimarnos o vengarse de nosotros. Más bien, Dios extiende su gracia para ayudarnos a lograr una vida satisfactoria. El ilustre erudito griego Kenneth Wuest dijo lo siguiente acerca de la gracia:

> "La palabra 'gracia' es una de las palabras más importantes en la Escritura. El Arzobispo Trench, en su libro *Synonyms of the New Testament* (Sinónimos del Nuevo Testamento) dice de esta palabra en el idioma griego: 'No es exagerado decir que no hay otra palabra en la que la mentalidad y las intenciones del corazón de los griegos se haya plasmado mejor, que esta". Los griegos fueron amantes de la belleza en la naturaleza, en su arquitectura, en sus estatuas, en su poesía, en su drama. A cualquier cosa que maravillara su corazón, su admiración, placer o alegría se le asignaba esta palabra. La palabra llegó a significar hacer un favor amablemente, de forma espontánea; un favor que se hace sin esperar

> nada a cambio, y que nace únicamente de la generosidad del que lo hace".[5]

Dada esta hermosa descripción de la gracia, la confianza en la oración es fácil. Cualquier duda que podamos tener con respecto a acercarnos a Dios es disipada porque su gracia nos da la bienvenida con los brazos abiertos.

La gracia extiende el poder a través del Espíritu Santo, para que podamos ver el propósito que Dios desea llevar a cabo en nosotros.

Podemos aprender a orar

La petición del discípulo sin nombre sugiere que *podemos* aprender a orar. Él lo señaló de esta manera: "Juan [el Bautista] enseñó a sus discípulos" a orar (Lucas 11:1). La petición del discípulo también sugiere que se puede enseñar a orar. Él no se estaba refiriendo a una oración de memoria o mediante una fórmula. El discípulo se refería a oraciones reales y sinceras que fluyen de una conexión genuina con Dios. Sí, incluso ese tipo de oración se puede aprender.

Según E. M. Bounds, para el guerrero de rodillas del siglo XX, "la oración es un oficio que hay que aprender, y es una profesión de por vida. Debemos ser aprendices y dedicar nuestro tiempo a la oración. El cuidadoso esmero, la reflexión, la práctica y el trabajo son características de un hábil profesional de la oración".[6] En otras palabras, aprendemos haciendo. Se aprende a orar, orando; al igual que solo se puede aprender a nadar, nadando.

Antes de convertirnos en expertos en la oración, debemos sumergirnos en la práctica de la oración. Jesús le respondió al discípulo diciendo: "Cuando oren, digan [...]" (Lc. 11:2). Y entonces comienza a esbozar una de las más famosas oraciones: el padre nuestro. Lo que deseo recalcar es que Jesús enseñó que la verdadera forma de aprender a orar es orando. Podemos deducir entonces que la habilidad para orar se aprende a medida que cedemos ante la disciplina de la oración.

En su libro *Discursos a mis estudiantes*, C. H. Spurgeon instruye a jóvenes predicadores sobre la necesidad de desarrollar una vida de oración privada. Allí cuenta una ilustración de uno de sus contemporáneos, Joseph Alleine, un pastor puritano inglés y autor de muchos libros: "Cuando él disfrutaba de salud —escribe su esposa—, se levantaba constantemente a las cuatro de la mañana o antes, y se sentía muy apenado cuando oía a los herreros o a otros artesanos en sus respectivos talleres, antes de que él estuviese en comunión con Dios, diciéndome con frecuencia: 'Cómo me avergüenza ese ruido. ¿No merece mi amo más que el amo de ellos?'. Desde las cuatro hasta los ocho pasaba el tiempo en oración, en santa contemplación y en cánticos de salmos, cosas en que se deleitaba sobremanera y practicaba diariamente solo, tanto como en familia".[7]

ESTABLEZCAMOS UN TIEMPO PARA ORAR

Daniel el profeta y político, modeló una vida de oración disciplinada. La Escritura enseña que "se arrodilló y se puso a orar y alabar a Dios, pues tenía por costumbre orar tres veces al día" (Dn. 6:10). Como muchos, yo sentía que no tenía tiempo para orar habitualmente. Me escondía detrás de excusas como: No tengo tiempo. Debo cuidar de mis hijos. Debo trabajar. Debo cocinar, limpiar la casa, ir al supermercado y cualquier otra distracción que se me pudiera ocurrir. Todas estas excusas justificaban mi indisciplinada vida de oración. Una vez leí: "Los que usan el 'síndrome de estoy demasiado ocupado' es porque sus almas han desarrollado una inmunidad a la oración". ¡Poderoso! ¡Me habría gustado decir eso! Parece que lo acabo de hacer.

Establecer un tiempo de oración significa fijar intencionalmente una hora específica de nuestro calendario diario como "tiempo de oración". Como primer ministro en Babilonia, Daniel estaba muy ocupado atendiendo los asuntos gubernamentales. Sin embargo, él se tomaba tiempo para desarrollar y proteger su vida de oración (Dn. 2:48; 5:29). Establecer un tiempo de oración requiere que entendamos cómo funciona nuestro reloj biológico. Si somos mañaneros, establezcamos un tiempo de oración en la mañana. Si somos nocturnos, elijamos un momento en la noche en el que podamos orar sin interrupciones. En su clásico *Prayer* (La oración) el profesor Hallesby afirma: "La primera y decisiva batalla en relación con la oración, es el conflicto que surge cuando hemos de hacer los arreglos para estar a solas con Dios cada día".[8]

"Los que usan el 'síndrome de estoy demasiado ocupado' es porque sus almas han desarrollado una inmunidad a la oración".

Mi tiempo de oración es por la mañana, de cuatro a cinco. A esa hora todos están en casa durmiendo y no hay interrupciones. Siempre he sido una persona mañanera. De hecho, cuando me casé hace unos treinta años, Marlinda se quejaba porque yo intentaba entablar conversaciones con ella a las cuatro de la mañana. "Solo un loco puede verse tan feliz y conversador tan temprano en la mañana", me decía. Yo me encogía de hombros y seguía hablando hasta que ella se quedaba dormida de nuevo. Mi compañero de oración es también una persona mañanera, y oramos por teléfono todos los miércoles a las cuatro y treinta de la mañana. Es nuestra mejor hora de la semana.

Si nuestra vida es tan impredecible que no podemos establecer una hora diaria de oración, algo está realmente mal. El enemigo de nuestra alma está fuertemente afianzado en nuestra vida. C. S. Lewis describe en *Cartas del diablo a su sobrino* cómo Escrutopo (un demonio de las altas esferas del estado infernal) entrena a su sobrino Orugario (un demonio de menor rango) para distraer a los creyentes de la oración interfiriendo a cualquier precio y de cualquier forma cuando las personas empiezan a orar. La alegoría deja claro este punto desde la perspectiva del enemigo: *la verdadera oración es letal* para su causa.[9] Aún en nuestra época contemporánea esta alegoría sigue siendo oportuna. El enemigo de las almas continúa engañando a las personas con excusas. Quizás Escrutopo y Orugario están obstaculizando nuestra capacidad de determinar un tiempo para la oración. Recordemos que la búsqueda de Dios debe ser diaria. Nuestra sed de conocer a Dios y de ser utilizados por Él no puede ser periódica o esporádica. Dios merece lo mejor, y tenemos la capacidad de vivir bajo sus expectativas. ¡Establezcamos un momento de oración!

Solo una emergencia puede interrumpir nuestro tiempo de oración, y solo cuando se trata de una emergencia legítima. Si permitimos que los típicos contratiempos de la vida cotidiana se cuelen en nuestro momento de oración, causando interrupciones, poco a poco nos iremos alejando nuevamente hacia una vida sin oración a pesar de nuestras intenciones.

Establezca un lugar de oración

Daniel estaba decidido a vivir la vida de un guerrero de rodillas. Esto fue posible porque él tenía *establecido un lugar de oración*. Las Sagradas Escrituras mencionan su lugar de oración de la siguiente manera: "Se fue a su casa y subió a su dormitorio, cuyas ventanas se abrían en dirección a Jerusalén. Allí se arrodilló y se puso a orar y alabar a Dios" (Dn. 6:10). Daniel había descubierto el secreto de una vida de oración disciplinada: tener un lugar habitual para encontrarse con Dios. En el caso de Daniel, era una habitación en el segundo piso de su casa, donde podía mirar hacia Jerusalén, la ciudad santa y sagrada del pueblo hebreo.

Nuestra sed de conocer a Dios y de ser utilizados por Él no puede ser periódica o esporádica. Dios merece lo mejor.

Como cualquier otro intercesor, Daniel ejercitó su libertad de orar no solo en su lugar habitual, sino en cualquier lugar, incluso en el foso de los leones (v. 22).

La oración debe haber sido una parte habitual de su fuerza y su destreza espiritual para la interpretación de sueños durante sus primeros días en Babilonia, cuando él y sus tres amigos, Ananías, Misael y Azarías, fueron sometidos a una rigurosa orientación a la cultura babilónica (Dn. 1:11–16). Daniel entendía la canción de David en el Salmos 139:7–10, que dice:

> "¿A dónde podría alejarme de tu Espíritu? ¿A dónde podría huir de tu presencia?
>
> Si subiera al cielo, allí estás tú; si tendiera mi lecho en el fondo del abismo, también estás allí. Si me elevara sobre las alas del alba, o me estableciera en los extremos del mar, aun allí tu mano me guiaría, ¡me sostendría tu mano derecha!".

Mi lugar de oración está en la oficina de mi casa. Un día, mientras estaba trabajando allí, Marlinda entró y señaló una de las sillas.

—Ese parece ser tu lugar de oración —dijo.

—¿Cómo lo sabes? —le pregunté.

—El aceite de tu cabello dejó una mancha en ese punto de la silla. Allí es donde colocas la cabeza al orar.

Avergonzado, asentí con la cabeza.

Escoger un lugar definido para orar ayuda a minimizar las distracciones mientras intercedemos. Si usted es como yo, las distracciones pueden desenfocarlo por completo. Yo por ejemplo, puedo entrar en una habitación y ver un cuadro torcido en la pared y tengo que enderezarlo, aunque no esté en mi casa. Me resulta difícil concentrarme en una tarea a menos que las cosas que me rodean estén en orden. Es casi imposible que pueda orar en una habitación desordenada. En lugar de centrarme en la oración, me preocupo por poner en orden todo. Pero incluso con mi propia idiosincrasia, continúo manteniendo una política de "cero excusas" en cuanto a la oración.

Muchas personas probablemente dirían: "Mi espacio ideal de oración muchas veces está desordenado". Tal vez usted debería despejar un espacio en un escritorio o en la mesa de la cocina o fijar un lugar de oración temporal. O tal vez pueda alterar su tolerancia al desorden. Esto hizo una señora que conozco. Después de tener a su tercer hijo, ella casi nunca encontraba un lugar donde no hubiera un soldado de juguete o una pieza de LEGO. Así que empezó a mirar el "desastre" como un signo de la gracia amorosa de Dios, centrándose en la idea de haber sido bendecida con un bebé sano y una familia activa.

He oído excusas como: "Vivo en un pequeño apartamento, y no hay un espacio adecuado para la oración". Yo respondo: "Puedes utilizar tu dormitorio". Y si eso no funciona, digo: "Utiliza el baño". Si aún hay resistencia, insisto un poco más, diciendo: "¡Utiliza el armario!". Lo que quiero decir es que lo único que se necesita es un pequeño espacio donde se pueda estar sin interrupciones para enfocarse en la búsqueda de Dios en oración.

Si usted va a entrar en las filas de los guerreros de rodillas, debe establecer un lugar fijo de oración.

En su libro *The Hour That Changes the World* (La hora que cambia el mundo), Dick Eastman escribe: "Fijémonos en el caso de Susana Wesley. Ella era madre de nueve hijos adolescentes, entre ellos John y Charles [fundadores de la Iglesia Metodista]. Aun así, Susanna Wesley encontraba tiempo para orar diariamente. Esta mujer santa y consagrada dedicaba al Señor por lo menos una hora al día en oración [. . .]. Susanna Wesley no tenía un lugar específico para orar; así que, cuando llegaba la hora de su ejercicio espiritual, ella tomaba un delantal y lo colocaba en su cara. Sus hijos estaban entrenados para no molestar a "madre" cuando ella estaba orando en su delantal".[10] Si bien esto podría sonarle exagerado, piense en la influencia sus dos hijos tuvieron en el mundo. Colocarse un delantal en la cabeza fue un precio muy pequeño por tan maravillosos resultados.

Si queremos entrar en las filas de los guerreros de rodillas, debemos establecer un lugar fijo de oración. No lo pospongamos hasta que tengamos una casa más grande o hasta que los niños se vayan a la universidad. Hoy es el día de la decisión, pero no nos quedemos estancados allí. Podemos variar nuestro lugar de oración el próximo mes, el próximo año o cada vez que sea necesario. El punto es que debemos establecer un lugar de oración ahora mismo.

ESTABLEZCAMOS UNA AGENDA DE ORACIÓN

Extrayendo sabiduría una vez más de la vida de Daniel, encontramos que él tenía un tiempo establecido para orar, un lugar fijo de oración, y *una agenda de oración* (Dn. 6:10). Una agenda de oración es una lista de las cosas de las que deseamos hablar en nuestra cita con Dios. Así como las grandes reuniones tienen temas específicos en agenda, los grandes momentos de oración también tienen temas en agenda. Los temas en la agenda de Daniel incluían cosas como: dar gracias a Dios, satisfacer las necesidades de Jerusalén, reclamar las promesas de Dios para la santa ciudad y su pueblo, y la búsqueda de ayuda de Dios con respecto a su vida personal (v. 11).

Aunque solo podemos especular sobre el contenido en la agenda de oración de Daniel, podemos estar seguros de que no empleaba su tiempo de oración hablando sobre sí mismo. Los guerreros de rodillas han sido designados por Dios para construir y expandir el Reino de Dios, para salvaguardar a los santos y para ganar a los perdidos, orando poderosamente. Estas cosas solo pueden lograrse cuando tomamos un enfoque estratégico para orar.

Cada vez que enseño sobre cómo establecer una agenda de oración, siempre dibujo un círculo y lo divido en cinco partes. Cada parte representa un aspecto sustantivo de responsabilidad espiritual que un guerrero de rodillas debe asumir como parte de su enfoque de oración. Nombro cada uno de los cinco espacios con una letra P para crear el orden de oración del día (ver "Tabla de oración"). Las cinco P son: pasiones, personas, posesiones, propósitos y problemas. Instruyo a los estudiantes a adjudicar seis minutos por cada aspecto para que cubran un amplio espectro de las preocupaciones de aquellos por quienes están orando, en solo treinta minutos. Podemos cambiar el significado de cada "P" si estamos orando por organizaciones, naciones, grupos generacionales, o cualquier cosa que se haya convertido en una carga para su corazón.

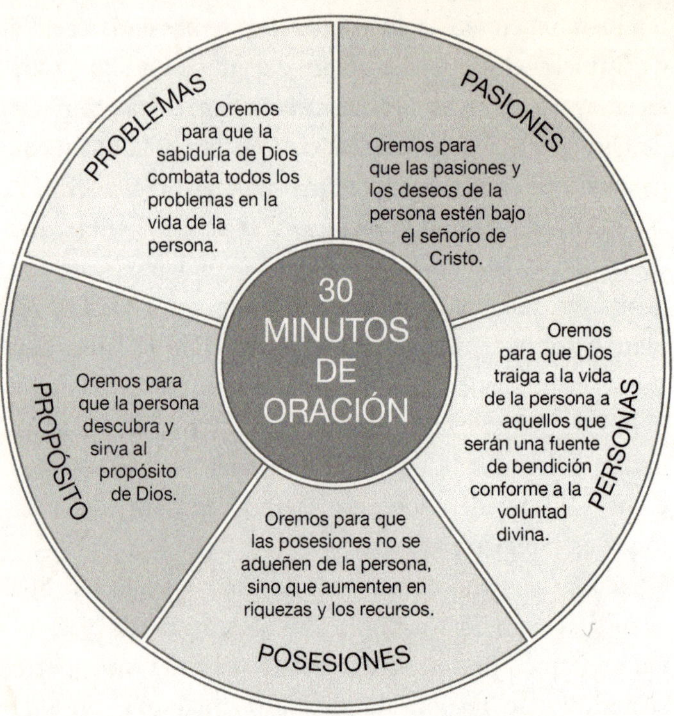

Esta gráfica es una guía útil para estructurar los diferentes aspectos por los que podríamos orar, más allá de los propios aspectos de nuestra vida. Por ejemplo: Si yo quisiera orar por mi hermano que vive con su familia en Maryland, utilizaría esta guía de oración. Diría: "Señor, ayuda a Norman para que controle sus *pasiones*, de manera que estas no lo alejen de tu voluntad. Dale la pasión necesaria por su esposa Althea, y su hijo Kyle. Rodéalos de *personas* que los amen y los aprecien profundamente, y de aquellos que tienen dones y habilidades en los aspectos que a ellos les faltan, para que sus vidas sean plenas y completas". Si continúo avanzando alrededor del círculo, llego a la palabra *posesiones*.

Mi oración continuaría pidiéndole a Dios que le dé a Norman las posesiones que necesita para vivir una vida satisfactoria y para ejecutar con eficacia su negocio. "Proporciónale las propiedades y los recursos necesarios para que siempre tenga más que suficiente. Y Señor, que la vida de mi hermano sea dirigida por tus *propósitos*. Que su voluntad esté en el centro de la tuya". Mi oración culminaría pidiéndole a Dios que le dé a Norman sabiduría para superar los *problemas* que está enfrentando. Esta guía de oración es muy simple de usar y ofrece un enfoque que nos permite ser cuidadosos al orar por otros.

Si constantemente oramos por los demás sin tener en cuenta nuestras propias necesidades, nuestras vidas comenzarán a mostrar grietas como evidencia indicadora de una falta de dirección divina.

Algunos intercesores crean listas de oración que incluyen los nombres de las personas por las cuales el Espíritu Santo los ha movido a orar. Podemos también ampliar estas listas para incluir naciones, problemas sociales y promesas incumplidas que Dios ha estampado en nuestro corazón.

El propósito de la creación de este tipo de agenda es garantizar que el requisito bíblico de que "se hagan plegarias, oraciones, súplicas y acciones de gracias por todos, especialmente por los gobernantes y por todas las autoridades, para que tengamos paz y tranquilidad, y llevemos una vida piadosa y digna" (1 Tim. 2:1–2) se cumpla cuando entramos a nuestro lugar de oración. Esta agenda también ayuda a crear un escudo de oración que cubre los principales aspectos de nuestra vida y nuestra familia. Si constantemente oramos por los demás sin tener en cuenta nuestras propias necesidades, nuestras vidas comenzarán a mostrar grietas como evidencia indicadora de una falta de dirección divina. Tener un enfoque integral en la oración nos ayuda a mantener la perspectiva de vigilancia espiritual de un guerrero.

Vivir la vida de un guerrero de rodillas requiere de un compromiso y preparación constante. Y, al igual que Daniel, debemos mantener una actitud dispuesta en todo momento. Su lugar de oración jamás fue ignorado debido a que él desarrolló el hábito de orar. Si la oración no es nuestro primer amor, convirtámosla en nuestra primera disciplina. De esta forma nos convertiremos en un guerrero de rodillas.

PARTE DOS

INVOLUCREMOS NUESTRA FE

Capítulo 4

LAS ARMAS DE UN GUERRERO DE RODILLAS

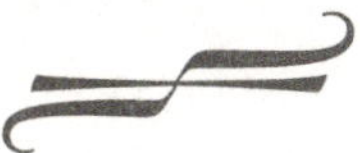

A NADIE SE LE OCURRIRÍA DECIR QUE EL exsecretario de Estado estadounidense, el general Colin Powell, es un vago. Él fue el primer y único afroamericano en servir en el Estado Mayor Conjunto, es un reconocido estadista y un general de cuatro estrellas. Sin embargo, en sus propias palabras, durante su juventud era "lento y poco dotado".[1] De hecho, su incapacidad para llevar algo a término, además de su promedio mediocre en la escuela, fue una gran fuente de preocupación para sus padres, unos inmigrantes jamaiquinos para quienes era muy importante la excelencia académica y la realización personal.

Pero entonces, algo lo cambió todo. Se unió a la milicia y declaró: "Encontré algo que podía hacer bien.

Podía liderar. Este no fue un descubrimiento pequeño para un joven de veinte años".[2]

Un cambio brusco y drástico ocurre en aquellos que cambian su vida de civil por la de soldado. Un cambio similar se produce cuando cambiamos nuestro estado de civil espiritual a guerrero de rodillas. Recibimos una gran cantidad de beneficios cuando nos convertimos en individuos dedicados a la oración, al igual que ocurre con quien se alista en las Fuerza Armadas. Las Fuerzas Armadas inculcan propósitos, productividad y metas de vida a los hombres y mujeres recién enlistados. Y estas cualidades les permiten obtener vidas disciplinadas.

Antes de ser entrenados en el arte de la guerra espiritual y familiarizarnos con las armas que Dios nos ha confiado, debemos reconocer que nuestras vidas nunca serán iguales. De hecho, sería peligroso para usted y los soldados que sirven a su lado, aferrarse a la mentalidad de un civil. La estructura militar de Estados Unidos cuenta con cuatro categorías distintas: los civiles, los Reservistas del Ejército, la Guardia Nacional, y el personal militar a tiempo completo. Las respuestas de los integrantes de cada categoría serían muy diferentes si estallara una guerra.

Los civiles no son alistados en la guerra, ni han sido entrenados en tácticas de guerra o técnicas de combate. Son espectadores y participantes no directos. Los civiles no tienen ningún mandato oficial del gobierno de llevar armas en caso de guerra. Son personas comunes y corrientes que disfrutan de las libertades que han sido obtenidas gracias a la fuerza militar.

Los Reservistas del Ejército son ciudadanos que han sido iniciados oficialmente en el Ejército y reciben formación continua mientras mantienen sus carreras civiles. Estos soldados a tiempo parcial solo luchan cuando son desplegados oficialmente, que puede o no puede ocurrir durante sus carreras. No son una tropa de combate a tiempo completo. Un miembro Reservista del Ejército puede trabajar como contador a tiempo completo, pero participar en ejercicios de entrenamiento un fin de semana al mes para mantener sus capacidades a tono. Y cada año, los miembros reservistas están obligados a participar en entrenamientos de campo rigurosos y formación especializada durante un período de dos semanas adicionales.

Algunos cristianos asumen este enfoque a tiempo parcial en la guerra espiritual. Están más preocupados por su carrera o su familia, y no se enfocan principalmente en el avance del Reino de Dios. Para estos guerreros a tiempo parcial el rigor de la vida militar solo ocurre de forma esporádica, como por ejemplo, cuando surge una crisis familiar que requiere de mucha oración y ayuno. Pasan la mayoría del tiempo en la comodidad de la vida civil.

Alistarse en el ejército de Dios no es opcional. Es una orden. Y el ejército de Dios es a tiempo completo.

La Guardia Nacional es otra opción para los ciudadanos estadounidenses. Al igual que los Reservistas del Ejército, está compuesta de civiles que sirven a tiempo parcial, un fin de semana al mes, más dos semanas al año. Los miembros de la Guardia Nacional pueden vivir y trabajar donde gusten, porque su atención principal se centra en su vida como civiles. A diferencia de los reservistas, la

Guardia Nacional tiene la doble misión de servir tanto a los gobiernos estatales como al gobierno federal si surgiera la necesidad. Aunque el despliegue es una posibilidad, estos hombres y mujeres funcionan principalmente como civiles con todas las comodidades que ofrece la vida civil.

La última categoría es la de los soldados militares a tiempo completo. Estos son soldados profesionales cuyo enfoque singular está en la lucha. No disfrutan del lujo de ir a casa después de un fin de semana de deberes o de relajarse física o mentalmente entre cada misión. El estilo de vida de un soldado en servicio activo requiere estar constantemente dispuesto para la batalla, con la ambición de convertirse en un mejor soldado cada año. No están distraídos por las actividades y opciones de la vida civil. No conocen el significado de relajarse, y jamás piensan: ¿Qué sucede si la guerra estalla hoy? ¿Estoy listo? Este es el tipo de enfoque que tuvo Pablo cuando le dijo a Timoteo: "Comparte nuestros sufrimientos, como buen soldado de Cristo Jesús" (2 Tim. 2:3). Como Pablo, Timoteo debía pensar, obrar y vivir como un soldado profesional a tiempo completo, un guerrero de rodillas dedicado a los asuntos del Reino.

Si seguimos la ambición espiritual de convertirnos en excelentes soldados, no podemos evitar los rigores del campo de entrenamiento, aprender tácticas de combate eficaces y sobre armas de guerra: las armas defensivas nos guardan y nos protegen contra los ataques, mientras que las armas ofensivas nos ayudan a avanzar como soldados y a progresar contra el enemigo

---

> devorar. Resístanlo, manteniéndose firmes en la fe, sabiendo que sus hermanos en todo el mundo están soportando la misma clase de sufrimientos".
>
> —1 PEDRO 5:8–9

Satanás está siempre estudiando nuestras debilidades para aprovecharse de ellas, así como aquellas áreas sin protección en nuestras vidas en las que pueda influirnos.

Dios nos anima a usar nuestras armas defensivas y a convertirnos en expertos en la protección de los objetos de valor que Él nos ha confiado. Exploremos el poder de cada arma de defensa en nuestra lista.

El uso de la armadura

Convertirse en un guerrero de rodillas significa seguir el consejo de Pablo en Efesios 6:11: "Pónganse toda la armadura de Dios para que puedan hacer frente a las artimañas del diablo". Ponernos la armadura es más que solo medírnosla. Al igual que cuando alguien abandona la vida civil y se convierte en un soldado profesional, la armadura de Dios debe convertirse en nuestro uniforme permanente. Es una señal para nosotros y para los demás de que estamos sirviendo a tiempo completo en la guerra espiritual. Demuestra que estamos siempre listos para la acción, para luchar contra cualquiera de los ataques de Satanás. Alma, una ejecutiva corporativa con una familia joven, se la debe poner a diario, en más de un sentido. Cada mañana aparta una hora para orar, leer la Biblia y cantar con la música de adoración de su iPod. Luego de esto, Alma se siente segura de que está vestida con su armadura completa y lista para afrontar los retos de la vida.

Permanecer firmes contra Satanás

Cuando tomamos una postura defensiva, decidimos por adelantado que no vamos a retroceder. Retirarnos significaría ceder una promesa valiosa de Dios, parte de nuestro destino o una preciada posesión, a la voluntad de Satanás. Pablo nos aconseja que nos mantengamos firmes contra las artimañas de Satanás (Ef. 6:13–14). Esta firme postura defensiva nos mantendrá comprometidos con la voluntad de Dios, independientemente de cuán difícil o incómodo sea el reto. Por ejemplo, si creemos que Dios nos bendijo con nuestro trabajo actual, ¿por qué permitir que el diablo nos lo arrebate? ¡Defendamos nuestra posición!

Permanecer firmes en la voluntad de Dios es como una manta de seguridad. Es una de las herramientas más valiosas de Dios para protegernos. En Colosenses 4:12, Epafras luchó en oración por los que estaban en Colosas: "Para que, plenamente convencidos, se mantengan firmes, cumpliendo en todo la voluntad de Dios" (Col. 4:12). Del mismo modo, es mi oración que usted pueda defenderse a sí mismo contra las hordas del infierno permaneciendo firme en *toda* la voluntad de Dios.

Al igual que cuando alguien deja la vida civil y se convierte en un soldado profesional, la armadura de Dios se convierte en nuestro uniforme permanente.

Frank, uno de los miembros de mi congregación, sentía como una urgencia de mudarse con su familia a otro lado de la ciudad, lo que lo obligaría a cambiar de escuela a sus hijos, desarraigándolos de su vida social. Yo objeté el hecho de que tuviera que hacer pasar a su familia por un cambio tan drástico. A pesar de que no me pudo contestar en ese momento, Frank recurrió a la oración y descubrió que realmente estaba buscando llenar un vacío en su propia vida. Estaba aburrido y se sentía impotente ante las pruebas relacionadas con su negocio de autopartes. Frank también se sentía desilusionado porque estaba envejeciendo. Finalmente, optó por quedarse tranquilo y descubrir el significado completo de permanecer en la voluntad de Dios conocida. Adicionalmente, le proporcioné el consejo pastoral necesario para ayudarlo a lidiar adecuadamente con los problemas a los que se enfrentaba.

El cinturón de la verdad

¿Sabía usted que declarar la verdad es un arma defensiva? Pablo comparó lo que era un elemento familiar en su día, el grueso cinturón de cuero de un soldado romano, con proclamar la verdad como una parte fundamental para la victoria en la vida cristiana. El cinturón del soldado romano sostenía su espada y otras herramientas, más o menos como los soldados de infantería de hoy llevan su equipo de batalla en un fuerte cinturón. Cuando el cinturón está completamente equipado y es colocado alrededor de la cintura, es una señal de que el soldado moderno está listo para la batalla. Armarse con la verdad nos brinda una fuerza defensiva sin precedentes. La verdad libera. Nos libera de las garras del pecado protegiendo nuestra integridad y credibilidad. Permitir que la verdad sea nuestra postura defensiva espiritual, significa que nos hemos comprometido a vivir una vida intachable, sincera y prudente. Una vida definida por la verdad sobrevive a las artimañas y asaltos del maligno.

Ser padres no es un trabajo fácil. La tarea se complica aún más cuando descubrimos que no podemos seleccionar con antelación el tipo de niño que queremos. Deseamos un atleta, Dios nos da un músico. Deseamos un excelente cantante, Dios nos da un deportista. Danielle, mi hija mayor, tuvo serios problemas con las matemáticas cuando estaba en séptimo grado. Yo obtuve una maestría en ingeniería civil y trabajé para empresas de consultoría ambiental antes de entrar en el ministerio, por lo que las matemáticas se me hacían fáciles. Cada noche me sentaba con ella intentando ayudarla a comprender la materia, pero el resultado era siempre el mismo. Nos frustramos y los ánimos se fueron al piso.

Mientras que su estrés se derivaba de no entender la materia, el mío lo producía creer que ella podía entenderla, pero que simplemente estaba cerrada por pensar que era muy difícil. Una noche yo estaba tan enojado que lo único que pude hacer fue ir a mi despacho, cerrar la puerta, y orar. Necesitaba que Dios la ayudara a "entender". Eso era lo que yo pensaba, que el problema era ella. A los pocos minutos de estar orando, el Espíritu Santo habló a mi corazón con estas palabras precisas: "David, ¡tú la enviaste a esa escuela!".

Una vida definida por la verdad sobrevive a las artimañas y asaltos del maligno.

Inmediatamente dejé de orar. La verdad, dicha por el Espíritu Santo, me liberó. Mi ira se desvaneció al instante y el misterio se resolvió. Mis hijos habían estado en una escuela cristiana privada hasta el sexto grado. Su nueva escuela ponía un mayor énfasis en matemáticas y ciencias: las mismas disciplinas con las que Danielle tenía problemas. Salí de mi despacho armado con el conocimiento de lo que tenía que hacer: contratar a un tutor para Danielle y preservar nuestra relación. Si no hubiera orado, no me habría enterado de la verdad que me ayudó a tener la perspectiva correcta.

La coraza de justicia

La forma en que los agentes policiales de hoy llevan chalecos antibalas para cubrir sus órganos vitales de los disparos, es la misma en que los soldados romanos se cubrían el pecho y la espalda con una coraza en los días en que Pablo escribió su carta a la iglesia de Éfeso. Pablo quería que protegiéramos principalmente nuestro corazón, que es el blanco principal del enemigo. En la sabiduría infinita de Dios, Él ideó la *justicia* como el tejido protector de nuestra coraza espiritual. En el momento en que aceptamos a Cristo como nuestro Salvador, su justicia nos es impartida. Refiriéndose a Jesús, Pablo enseñó: "Por nosotros Dios lo trató como pecador, para que en Él recibiéramos la justicia de Dios" (2 Co. 5:21).

Al caminar en los caminos de Cristo, caminamos en los caminos de la justicia. Esta arma defensiva se utiliza para asegurar que el carácter, la ética, la moral y el comportamiento nuestro reflejen el de un verdadero seguidor de Cristo. La santidad es un arma defensiva.

El escudo de la fe

Una vez más Pablo utiliza como referencia la armadura del soldado romano para ilustrar una verdad espiritual. El soldado romano utilizaba dos tipos de escudo. Uno era un escudo pequeño y ligero, utilizado generalmente en el combate cuerpo a cuerpo. El otro era un escudo más grande, que medía cerca de 120 cm de alto por 60 cm de ancho, el cual se utilizaba para proteger al soldado de las flechas y de otros ataques de proyectiles. Un antiguo adagio reza: "Se regresa de la batalla con el escudo o sobre el escudo".

Algunos se han referido erróneamente al escudo de la fe como el cuerpo de creencias o doctrinas de un cristiano; pero Pablo estaba refiriéndose a la confianza, y la seguridad que debemos tener en Dios. Las armas de defensa conocidas como el escudo de la fe son nuestra confianza y dependencia de Dios por su protección y sus promesas. La Biblia declara: "Escudo es Dios a los que en Él se refugian" (Sal. 18:30). La acción de confiar en Dios inhibe todos los dardos que Satanás utiliza para hacer que nuestras vidas estén llenas de dudas.

El yelmo de la salvación

El casco del soldado romano estaba hecho de cuero grueso, a menudo cubierto con metal. Este protegía al soldado en la batalla de las filosas espadas, las flechas incendiarias y las lanzas penetrantes. El uso defensivo del yelmo de la salvación es lo que nos asegura que tras la conversión, hemos sido adoptados en la familia de Dios. Le pertenecemos a Él. Nuestros problemas se convierten en los *suyos*. Dios peleará *por nosotros*. Él luchará *con nosotros* y contra nuestro enemigo común:

Satanás. Podemos ver que Pablo veía el casco de la salvación como algo invaluable, pues dijo: "Que les sean iluminados los ojos del corazón para que sepan a qué esperanza Él los ha llamado, cuál es la riqueza de su gloriosa herencia entre los santos, y cuán incomparable es la grandeza de su poder a favor de los que creemos" (Ef. 1:18–19).

Las armas de defensa conocidas como el escudo de la fe son nuestra confianza y dependencia de Dios por su protección y sus promesas.

Mike, un alcohólico en recuperación, me confesó un domingo después del servicio que durante toda la semana había estado tentado a tomar, pero resistió cada vez orando fervientemente. Él sin duda había comprendido que su salvación era lo suficientemente poderosa para superar el impulso de ahogar sus problemas en la botella.

La oración

Pablo escribe en Efesios 6:18: "Oren en el Espíritu en todo momento, con peticiones y ruegos. Manténganse alerta y perseveren en oración por todos los santos". Aquí vemos la oración tanto como un arma defensiva, como ofensiva. Profundizaremos más en la naturaleza de la oración y su relación con la guerra espiritual en el capítulo 6.

Practiquemos el perdón

El compromiso de practicar el perdón no solo es bueno para nosotros, sino que es un arma defensiva en la guerra espiritual. Pablo dio a los cristianos de Corinto la siguiente reflexión: "Si había algo que perdonar, lo he perdonado por consideración a ustedes en presencia de Cristo, para que Satanás no se aproveche de nosotros, pues no ignoramos sus artimañas" (2 Co. 2:10–11). La experiencia de Pablo en la guerra espiritual y su defensa contra los ataques de Satanás, le enseñaron que la indisposición a perdonar le da a Satanás el derecho legal de atacar. Lo contrario entonces es igualmente válido. Perdonar le quita el derecho a Satanás de infiltrarse nuestra vida y nuestro corazón.

Perdonar a los que nos han ofendido y herido es una poderosa arma defensiva. ¿Recuerda a José, el personaje del Antiguo Testamento? Sin una pizca de ira, amargura o resentimiento contra sus hermanos celosos que lo vendieron como esclavo, practicó el perdón, lo cual le dio acceso a las promesas de Dios para su vida. Usted también puede experimentar la bendición del acceso sin obstáculos a las promesas de Dios, utilizando esta arma defensiva.

La sumisión a Dios

Satanás no tiene derecho legal a tocarnos cuando actuamos en sumisión total a Dios y a su voluntad para nuestras vidas. Santiago lo explica de esta manera: "Así que sométanse a Dios. Resistan al diablo, y él huirá de ustedes" (Stg. 4:7). Sumisión significa una entrega total y ajustarnos a los deseos de Dios y su dirección en nuestra vida. Cuando aseguramos esta arma defensiva en nuestra vida, no hay nada que Satanás pueda hacer para hacernos daño.

Esto funcionó para Marcus, un miembro de mi iglesia, cuando recibió dos ofertas de trabajo. Él decidió tomar el trabajo de menor remuneración porque le ofrecía mayores posibilidades de crecimiento y desarrollo, y la idiosincrasia de la empresa se ajustaba mejor a su estilo de vida, ya que le ofrecía flexibilidad y mejores beneficios. Me contó, sin embargo, que lo que lo llevó a elegir un trabajo sobre el otro fue el hecho de que sintió la paz de Dios hacia esa empresa en particular. Estar en la voluntad de Dios era más valioso para él que ganar unos dólares adicionales. Sin ningún tipo de cuestionamiento, Marcus descubrió que la sumisión a Dios es una manera segura de victoria espiritual y física.

Satanás no tiene derecho legal a tocarnos cuando actuamos en sumisión total a Dios y a su voluntad para nuestras vidas.

Permanezcamos firmes en la fe

Pedro nos dice que podemos resistir a Satanás y sus ataques manteniéndose firmes en la fe (1 P. 5:9.). Esta acción defensiva sugiere que creer y obedecer la Palabra de Dios nos cimienta. No debemos retirarnos o ceder terreno valioso en manos del enemigo. Resistimos con éxito los ataques de Satanás cuando permitimos que la Biblia se convierta en la base de nuestra fe y de nuestra vida práctica.

Podemos aplicar esta arma defensiva en cada aspecto de nuestra vida, incluyendo la crianza de nuestros hijos. Permanezcamos firmes en la fe mientras formamos a nuestros hijos en el temor del Señor, y Dios los ayudará a obtener el éxito que deseamos en cuanto a su bienestar.

Practiquemos el control propio

Pedro es un autor bíblico que aprendió de primera mano el dolor y la decepción que la falta de control propio puede producir. En 1 Pedro 5:8 él nos enseña que el autocontrol es un arma defensiva. Una vez más, dice: "Practiquen el dominio propio y manténganse alerta. Su enemigo el diablo ronda como león rugiente, buscando a quién devorar". A medida que practiquemos la capacidad de contener y controlar nuestras acciones, sentimientos y emociones, seremos capaces de resistir firmes cuando llegue el día malo.

La falta de control propio se ve reflejada cuando una joven termina relacionándose con el hombre equivocado con la esperanza de llenar un vacío creado por un padre que jamás le mostró amor. Si hubiera ejercido esta arma defensiva, ella no habría actuado independientemente de Dios para estar con un hombre que no se ajusta a las normas que la Biblia enseña sobre el hombre ideal para contraer matrimonio con una de las hijas de Dios. La falta de control propio también podemos verla cuando un joven decide aceptar la oferta de trabajo mejor remunerada en lugar de solicitar la orientación de Dios a través de la oración. Este es un reflejo de falta de control propio y de muchas otras cosas. Estos tipos de problemas sociales se pueden evitar cuando se practica el control propio. Sin esto, se necesitará un guerrero de rodillas para que ore por estas víctimas y las ayudé a disfrutar de una salud emocional y espiritual.

Mantengámonos alerta

¿Recuerda cuando Jesús le dijo a Pedro que Satanás deseaba zarandearlo como al trigo? Pedro era tan inepto espiritualmente que incluso trató de corregir a Jesús (Lc. 22:31–33). No fue sino hasta unos años después, que Pedro comenzó a advertirnos que debemos permanecer alerta como un arma defensiva que todos los seguidores de Cristo hemos de emplear (1 P. 5:8). La advertencia aquí es que Satanás está al acecho en busca de personas inocentes a quienes devorar. Mantenernos alerta significa que nunca debemos subestimar a nuestro oponente. Nunca debemos minimizar el impacto del pecado. Nunca debemos jugar con la tentación, ni debemos considerar la idea de vivir fuera de la voluntad de Dios. Estar alerta es estar preparados, velar, no solo por nosotros, sino también por nuestros hermanos y hermanas en Cristo y por los todos aquellos que amamos profundamente.

Mi amigo Phil compartió una pequeña historia conmigo que destaca la importancia de estar alerta espiritualmente en cada aspecto de la vida. Él había estado sintiendo algo muy extraño en su cuerpo durante más o menos una semana. Luego, comenzó a sentir un hormigueo. Empezó en su lengua, luego la garganta y después en todo el cuerpo. Después de sentirse así durante un rato, la sensación simplemente desaparecía. Sin saber qué hacer, Phil comenzó a orar. A los pocos minutos, el Espíritu Santo le habló a su corazón diciéndole que su malestar era causado por una alergia alimentaria. Entonces, comenzó a hacer el trabajo de un detective anotando los alimentos que había comido varias veces en las últimas dos semanas. Para su agradable sorpresa, descubrió que había comenzado a comer algo nuevo: duraznos. Resultó que Phil era alérgico a los duraznos. Dejó de comerlos y la sensación de hormigueo desapareció. Mantenernos alerta espiritualmente es un arma defensiva que nos puede ayudar en muchos aspectos de la vida.

APRENDAMOS A UTILIZAR LAS ARMAS OFENSIVAS

Las instrucciones de Pablo en Efesios 6 no se limitaron a las armas defensiva, sino que también incluyen la formación del cristiano en el uso de las armas ofensivas. Del mismo modo que un ejército físico no puede ganar una guerra únicamente con una buena defensa, también nosotros debemos convertirnos en expertos en el uso de las armas ofensivas. Ellas nos ayudarán a ganar nuevos territorios para Cristo y también a formular e iniciar estrategias y lanzar ataques contra el enemigo a través de nuestra autoridad en Cristo.

Los guerreros de rodillas eficaces hacen preguntas militares calculadas, como: ¿Qué está tratando de hacer Satanás? ¿Qué aspectos de mi vida Dios está tratando de mejorar? Las respuestas resultan en un desarrollo proactivo de acciones espirituales encaminadas a avanzar en la voluntad de Dios.

Echemos un vistazo a la siguiente tabla, que enumera algunas de las armas ofensivas que debemos aprender a utilizar a través de la ayuda del Espíritu Santo.

ARMAS OFENSIVAS		
1	Usar toda la armadura	Ef. 6:11–13
2	Usar los zapatos de la paz	Ef. 6:15
3	La Espada del Espíritu (la Palabra de Dios)	Ef. 6:17
4	La oración	Ef. 6:18
5	El evangelismo	2 Co. 4:3–6
6	La expulsión de demonios	Mt. 10:1
7	Devolver los diezmos	Mal. 3:8–12
8	La adoración y la alabanza	Hch. 16:25–28
9	Resistir los ataques de Satanás	Stg. 4:7
10	La humildad	1 P. 5:5–7
11	El ayuno	Mt. 6:16–18
12	Hacer discípulos	Mt. 28:19-20

El uso de toda la armadura

El soldado se viste para la batalla para estar preparado tanto defensiva como ofensivamente en todos los niveles de combate. La armadura lo protege de los ataques del enemigo y al mismo tiempo le da una ventaja ofensiva para destronar al enemigo. La armadura completa se debe usar en todo momento. La perspectiva de la ofensiva es que siempre hay que estar listos para aprovechar la oportunidad de recuperar cualquier cosa que el maligno nos haya robado. No podemos quedarnos esperando protegiendo nuestras cosas contra Satanás. Iniciemos el ataque contra él en el nombre del Señor.

Mantenernos alerta significa que nunca subestimamos a nuestro oponente.

Usemos los zapatos de la paz

Pablo nos recuerda los zapatos del soldado romano para ilustrar un aspecto particular de la armadura del cristiano en la guerra espiritual. Los zapatos de los soldados estaban tachonados con unos clavos gruesos, similares a los tacos de fútbol de los jugadores de hoy. Estos zapatos les permitían a los soldados afirmar sus pies para no resbalar en los combates cuerpo a cuerpo. Del mismo modo, nuestros zapatos espirituales han sido equipados de paz para que no seamos sacudimos en los momentos difíciles.

En Romanos 5:1 se nos dice: "En consecuencia, ya que hemos sido justificados mediante la fe, tenemos paz con Dios por medio de nuestro Señor Jesucristo". Nuestra paz *con* Dios nos permite tener un corazón tranquilo cuando se trata de nuestro destino eterno. El cielo será nuestra próxima y última parada después de la muerte. La paz con Dios nos asegura que ya no tendremos que lidiar con asuntos como el perdón propio, la condena o la ira de Dios provocadas por el pecado. Hemos sido perdonados. Dios hizo las paces con nosotros cuando aceptamos a Cristo como nuestro Salvador. Cuando nos vestimos para la batalla con la paz de Dios, esta nos protege de las acusaciones de Satanás.

La espada del Espíritu

El arma espiritual representada por la metáfora de "la Espada del Espíritu" (Ef. 6:17) transmite el mensaje de que podemos y debemos utilizar las Escrituras para avanzar en nuestra relación con Dios y en nuestra lucha contra los poderes de este mundo oscuro. Esto ocurre a través de la confesión, en este caso, de aquello que Dios dice en su Palabra. No me estoy refiriendo a confesar nuestros pecados personales, sino a confesar lo que Dios desea. Bien sea que confesemos la Palabra de Dios en relación con la inestabilidad política de una nación, o en relación con algún comportamiento destructivo dentro de nuestra propia familia, declarar la verdad puede acabar con estas cosas. Declaremos la Palabra de Dios sobre nuestra vida y dejemos que ella haga su trabajo.

Cada vez que su hija Debbie se colocaba faldas cortas y maquillaje para otra noche de discotecas, Becky le hacía la misma confesión a su hija no creyente: "Dios te va a quitar el placer que tienes por las discotecas. Vas a servir al Señor, e incluso vas a predicar su Palabra". Hoy Debbie es ministra ordenada en el Bronx, Nueva York, y testifica en sus sermones lo enfadada que se sentía cuando su madre usaba la Espada del Espíritu para disuadirla de las discotecas. Pero admite que es una poderosa arma que la llevó a abandonar sus malos caminos y a comenzar la búsqueda de Dios.

La oración

La oración es un arma espiritual tanto defensiva como ofensiva. Podemos encontrar un ejemplo de una oración ofensiva en Hechos 13:1–3 cuando Pablo, Bernabé y los otros ancianos de la iglesia de Antioquía se reunieron para un momento especial de búsqueda de Dios. Esta vez la intercesión dio lugar a un momento profético maravilloso para Pablo y Bernabé, cuando su vocación apostólica fue revelada a los otros ancianos y también a su congregación. Utilicemos el arma ofensiva de la oración para avanzar en cualquier aspecto de nuestra vida. Le recomiendo encerrarse con Dios y derramar su sed de desarrollo y progreso delante de Él. Usted estará satisfecho por el resultado.

Declare la Palabra de Dios sobre su vida y deje que haga su trabajo.

El evangelismo

En la guerra espiritual nuestro adversario está lanzando ataques despiadados contra todos, creyentes y no creyentes por igual. El objetivo de Satanás es cegar las mentes de los incrédulos, "para que no vean la luz del glorioso evangelio de Cristo, el cual es la imagen de Dios" (2 Co. 4:4). El arma ofensiva de la evangelización debe ser empleada para frustrar esta intención.

Compartir el mensaje del amor de Cristo con los no creyentes es una gran tarea, pero el evangelismo de oración, que fue utilizado por la iglesia primitiva, llama a una saturación de la oración antes de testificar. El evangelismo de oración subraya la eficacia de la oración para preparar los corazones de los creyentes para recibir la verdad del evangelio. Tener una mayor sensibilidad hacia el perdón de Dios que se encuentra en Jesucristo, permite que el tiempo de dar testimonio sea más fructífero.

El evangelismo de oración es un arma ofensiva que debemos comenzar a utilizar hoy en día. Hagamos una lista de personas por las que estamos particularmente preocupados. Comencemos orando tácticamente por su receptividad al evangelio. Pidamos a Dios que nos guíe para compartir el mensaje con ellos en el momento oportuno. El reino de Satanás sufre un tremendo golpe cada vez que más almas se unen a la familia de Dios y le dan la espalda a él para siempre.

Echar fuera demonios

Cuando Jesús expulsó a un demonio de un hombre, se le acusó de expulsar a los demonios por Beelzebú, príncipe de los demonios (Mt. 12:24). Para defender su ofensiva contra el reino de la oscuridad, Jesús simplemente planteó una pregunta instructiva: "¿Cómo puede entrar alguien en la casa de un hombre fuerte y arrebatarle sus bienes, a menos que primero lo ate?" (v. 29). Echar fuera demonios es una poderosa manera de atacar ofensivamente el reino de Satanás y mermar el número de sus seguidores.

Los diezmos y las ofrendas

¿Quién habría pensado que el diezmo y las donaciones son armas ofensivas de la guerra espiritual? Solo Dios en su infinita sabiduría pudo incluir un beneficio inesperado para una práctica tan común. El profeta Malaquías pronunció el designio de Dios cuando sugiere que una función secundaria del diezmo —dar una décima parte de nuestros ingresos a la obra del Señor—, hará que Dios reprenda al devorador por nosotros (Mal. 3:8–12). La palabra *reproche* significa "hablar con dureza", "corregir fuertemente" y "expresar una desaprobación severa". Imaginemos esto: tan solo con honrar a Dios con nuestros diezmos, y Él le ordenará a Satanás con severidad que se aparte de nuestra vida y de nuestras cosas. ¡Qué poderosa arma! Si usted no ha utilizado esta arma, comience a reordenar su vida financiera para que su iglesia se beneficie de su diezmo, mientras usted se beneficia de la protección de Dios para sus bienes frente a los ataques satánicos.

El evangelismo de oración subraya la eficacia de la oración para preparar los corazones de los creyentes para recibir la verdad del evangelio.

La adoración y la alabanza

Esta arma ofensiva es ilustrada cuando Pablo y Silas fueron encarcelados por haber expulsado un demonio de una mujer joven. Frente a la humillación pública y las consecuencias de haber sido encarcelados injustamente, los dos hombres comenzaron a adorar y alabar al Señor (Hch. 16:25–37). Dios respondió abriendo las puertas de la cárcel de manera sobrenatural y ablandando el corazón del carcelero hacia el mensaje del evangelio. La adoración y la alabanza se convierten en armas ofensivas cuando intencionalmente comenzamos a alabar a Dios, dado que su bondad está en todas partes, incluso en la cárcel. Cuando los apóstoles cantaron, el sentimiento de desesperación que Satanás había tratado de verter en sus almas fue disipado. El arma ofensiva de la alabanza fue utilizada para liberarlos de la prisión.

Resistir los ataques de Satanás

Para superar los ataques espirituales estamos obligados a someternos a Dios y resistir al diablo. Resistir es "estar en contra", "oponerse", y "resistir los planes del diablo". Resistir a Satanás comienza con una actitud de oposición; luego se pasa a la oración de acción para soportar cualquier cosa contraria a la voluntad de Dios. El acto de resistir envía la señal al reino de las tinieblas de que se ha declarado la guerra.

José, un amigo, estuvo contándome una mañana mientras tomábamos un café cómo escapó de las garras de la tentación, aunque admite que se sintió halagado al principio. Sally estaba casada y era muy atractiva. Ella comenzó a coquetear con José haciéndole inocentes elogios sobre su ropa y su colonia. Luego se hizo perfectamente claro que estaba dispuesta a todo con él. Como nuevo creyente y siendo un hombre soltero, José sabía que nada bueno podía salir de las propuestas de Sally. Ella necesitaba resolver sus problemas maritales sin tener que buscar intimidad con él. José se sintió bien consigo mismo porque pudo resistir con éxito el plan de Satanás de atraparlo en una red sexual.

La humildad

Debido a que el orgullo precede a la caída, la humildad es un rasgo que Pedro nos insta a desarrollar. Si no somos capaces de prestar atención a esta advertencia, podemos rápidamente encontrarnos en oposición a Dios y caer presos de las artimañas de Satanás (1 P. 5:5–7.). El gran predicador inglés, el Dr. D. Martyn Lloyd Jones es a menudo citado diciendo: "Lo peor que le puede pasar a un hombre es tener éxito antes de estar listo".[3] El orgullo es el corral del diablo. Este nos hace confiar únicamente en nuestra propia fuerza, dones y sabiduría. Es por eso que Satanás arroja orgullo sobre el pueblo desesperadamente. Evitemos este ataque buscando la humildad a toda costa.

El acto de resistir envía la señal al reino de las tinieblas de que se ha declarado la guerra.

Mi amigo Henry desaprobaba fuertemente las decisiones de su hija adulta y se lo dijo en términos inequívocos. Ella se había distanciado mucho de su madre para satisfacer la posición antifamilia de su marido. Henry le dijo muchas verdades, pero él no quería que su orgullo se interpusiera en el camino de la restauración de su hija o que se convirtiera en una causa de problemas en la relación de ella con su marido. Como un movimiento táctico y ofensivo, Henry reconoció que la humildad impulsaría su oraciones para que su hija caminara con Cristo y se reconectara con su madre.

El ayuno

Jesús practicó el ayuno como una disciplina y nos instó a hacer lo mismo (Mt. 6:16–18). Cuando usted decide abstenerse de comer durante un período determinado de tiempo para acercarse a Dios, golpea de manera poderosa al reino de Satanás. El ayuno está siempre unido a la oración, a pesar de que se mantiene como una práctica claramente diferente. Según el Nuevo Testamento, no existe un régimen a seguir cuando se utiliza esta arma ofensiva. Sin embargo, no podemos ignorar las palabras de Jesús cuando dijo: "Cuando ayunen [...]" (v. 16). De sus palabras se deduce que debemos incluir el ayuno como una disciplina espiritual si queremos alcanzar el máximo éxito.

Yo he disfrutado de una vida de ayuno durante unos treinta años. Las recompensas han sido tremendas. Cada vez que me siento espiritualmente vacío o perezoso en mi búsqueda de Dios, empiezo un período de ayuno. La mayoría de las veces ayuno por lo menos un día en la semana. Mi objetivo es avanzar constantemente en la consecución de los propósitos de Dios para esta generación.

Hacer discípulos

La Gran Comisión nos insta no solo a evangelizar, sino también a hacer discípulos de aquellos que aceptan el mensaje de Jesús (Mt. 28:19–20). El proceso de hacer discípulos es más arduo que ganar almas. Hacer discípulos es sostener las manos de los nuevos conversos para asegurarnos que están madurando en su relación con Cristo. Esta es una herramienta ofensiva en la guerra espiritual. Cuanto más fuerte sea el cristiano, más derrotará a Satanás dondequiera que intente meter su horrible cabeza. Pidámosle a Dios que nos ayude a convertirnos en hacedores de discípulos. Luego, tomemos el tiempo para aprender, para crecer y para ayudar a otros a lo largo del camino hacia la madurez espiritual. Al hacerlo, ayudaremos a derrotar a Satanás de una manera vital.

Tomar la decisión de convertirnos en un soldado profesional es de una importancia fundamental. Tomemos el tiempo para revisar nuestras armas defensivas y ofensivas tan a menudo como sea necesario. Adquirir experiencia en el uso de estas armas al principio puede parecer desalentador. Pero si queremos ser un guerrero de rodillas de éxito, debemos llegar a ser muy hábiles con estas armas. No hay manera de que el objetivo se pueda alcanzar si continuamos disfrutando de la comodidad de la vida civil. Debemos dar el paso y convertirnos en un soldado profesional a tiempo completo en el ejército del Señor.

Capítulo 5

BIENVENIDO A LA ESCUELA DE ORACIÓN

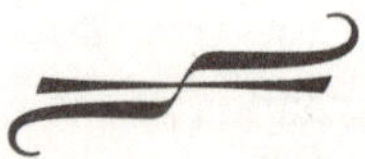

LA UNIVERSIDAD ES UN PASO DELIBERADO PARA la mayoría de los estudiantes. Y con la orientación y la ayuda económica de sus padres, muchos adultos jóvenes son conducidos a través de los canales apropiados para asegurar una transición sin problemas a la educación superior.

Pero algunas de las mejores lecciones de la vida se aprenden de forma accidental. Analicemos los casos de algunos graduados destacados de la escuela de la oración de Jesús. Cuando vemos sus historias, nos resulta bastante sorprendente que estos notables guerreros de rodillas atravesaron a tumbos las puertas ignorando la oración y su poder.

Incluso Abraham, el héroe del Antiguo Testamento, se encontró cara a cara con Dios rogando por Sodoma y Gomorra. Estaba intercediendo por los habitantes de esas ciudades destructivas. Pero solo cuando Abraham comprendió el desprecio que Dios sentía por sus actos de maldad, fue que este hombre de Dios consideró orar para que la ira de Dios se apaciguara. Consciente de que su sobrino Lot vivía en Sodoma, Abraham comenzó a interceder por la ciudad con insistencia.

La noche en que Jacob, el nieto de Abraham, luchó con el Señor para que transformara el corazón asesino de su hermano Esaú, se inscribió en la escuela de oración.

Otra egresada de la escuela de oración fue la reina Ester. Cuando fue desafiada por su primo Mardoqueo a pedir a su marido, el rey Asuero, que salvara la vida de los judíos que vivían en Babilonia, tropezó con el poder de la oración. Esta confrontación espiritual llevó a Ester a un período de tres días de ayuno y oración pidiendo el favor del rey. La amenaza de la aniquilación de Ester y la de sus compañeros judíos resultó ser su inscripción en la escuela de oración.

La inscripción en la escuela de oración es provocada generalmente por el dolor que se deriva a partir de una necesidad personal abrumadora.

Al gran apóstol Pablo le ocurrió lo mismo. Encontramos a este hombre abatido, con el rostro delante de Dios, durante tres días consecutivos. ¿Por qué? Pablo se había encontrado cara a cara con la realidad de que toda su visión del mundo espiritual y teológica estaba fuera de sincronía con Dios. Profundamente afectado por una visión de Jesús mientras viajaba hacia

Damasco, este pecador condenado acudió a Dios en oración (Hch. 9:1–19). Pablo no solo estaba ciego espiritualmente, sino que la visión de Jesús lo cegó físicamente. Paralizado por el pensamiento de: "¿Cómo debo vivir ahora?", Pablo no tuvo más remedio que inscribirse en la escuela de oración. Tenía que enderezar las cosas con Dios y enderezar su alma. Para ayudarlo en el proceso, Dios envió a un discípulo de confianza llamado Ananías para que orara por él y así recuperara su vista. El Señor le dijo a Ananías: "Ve a la calle llamada Derecha, a la casa de Judas. Cuando llegues, pregunta por un hombre de Tarso que se llama Saulo. En este momento, *él está orando*" (v. 11, NTV, *itálicas añadidas*). Este poderoso futuro apóstol de la Iglesia del Señor entró a las aulas sagradas de la escuela de oración por la puerta llamada *Experiencia del camino a Damasco.*

Tal vez usted también trastabilló para poder llegar a la escuela de oración, como yo lo hice. No tiene por qué sentirse incómodo al respecto. No logro pensar en ningún gran intercesor bíblico, histórico o contemporáneo que haya entrado a los pasillos sagrados de la escuela de oración de otra manera que no haya sido por accidente. La inscripción en la escuela de oración es provocada generalmente por el dolor que resulta de una necesidad personal abrumadora. Pablo lo expresa de esta manera: "Su tristeza los llevó al arrepentimiento" (2 Co. 7:9). Cuánta razón tenía. C. S. Lewis, el gran filósofo y novelista, nos dice lo siguiente en cuanto al don de dolor: "Dios nos susurra en nuestros placeres, nos habla en nuestra conciencia, pero nos grita en nuestro dolor. Este es su megáfono para despertar a un mundo sordo".[1]

No estoy seguro de por qué se necesita tanto dolor insoportable para que nos interesemos en la oración... en la verdadera oración. Sin embargo, Dios espera pacientemente a que su pueblo visite su salón del trono. Y, cuando finalmente llegamos a hacerlo, la visita se convierte en una residencia permanente y no en una noche pasajera.

La inscripción en la escuela de oración

Ana estaba abrumada por años de esterilidad. Pero cuando el dolor se hizo insoportable, buscó a Dios en oración. El primer capítulo de 1 Samuel narra la fascinante historia de su inscripción en la escuela de oración y la lección que cada guerrero de rodillas debe aprender: cómo persistir en la oración. Esta mujer común quería lo que cada esposa judía deseaba: quería darle un hijo a su marido. Aunque Elcana tenía una segunda esposa —Penina, que tenía muchos hijos e hijas—, Ana era su favorita. Sin embargo, no podía tener hijos.

La oración persistente es poderosa, ferviente y persuasiva. Está diseñada para levantar cargas pesadas de sus hombros y colocarlas a los pies del Señor.

Cada año Elcana y su familia hacían un viaje a Silo para adorar y hacer sacrificios al Señor. La mayoría de los eruditos coinciden en que este era el momento del año en que se celebraba la Fiesta de los Tabernáculos. Penina aprovechaba este momento cada año para burlarse de

Ana por su infertilidad, conociendo plenamente lo que significaba esta tragedia para una mujer casada en la cultura hebrea. La felicidad de cada esposo hebreo descansaba en el nacimiento de un hijo para perpetuar su apellido y heredar sus bienes. Aunque Elcana nunca despreció a Ana por no poder tener hijos, esto se convirtió en una gran indignidad y deficiencia ante los ojos de ella. Ella deseaba desesperadamente tener un hijo.

La esterilidad llevó a Ana al Único que podía curarla, el Dios todopoderoso. Ella aprendió a orar, orando. Esta es exactamente la razón por la que Dick Eastman escribe en el libro *No Easy Road*: "Para conocer la oración, los hombres deben orar. Aprendemos las profundidades de la oración, en la oración, no en los libros. Llegamos a la cúspide de la oración, orando, no a través de sermones".[2] La oración de Ana por un hijo no era cualquier oración común y corriente. Encarnaba el tipo de oración que los guerreros aprenden y desarrollan al máximo durante los tiempos difíciles. Esta es la *oración persistente*.

Si hemos de graduarnos de la escuela de la oración, y disfrutar del estado de guerreros de la oración, debemos conocer la dinámica de la oración persistente. Aprendámosla. Usémosla. Dominémosla. La oración persistente es poderosa, ferviente y persuasiva. Está diseñada para levantar cargas pesadas de nuestros hombros y colocarlas a los pies del Señor. Sabremos cuando hemos entrado en este espacio y prevalecido exitosamente ante Dios porque hay señales indicadoras inequívocas que nos avisan de su llegada.

La oración persistente es personal

Hasta que no sintamos personalmente la necesidad de clamar a Dios, no llegaremos a ser constantes, fervientes o persuasivos en la oración. Debemos sentir la necesidad y dicha necesidad debe ser real. Debemos buscar personalmente una audiencia con Dios. Él tiene todas las respuestas a *nuestro* dilema. Acudamos al Señor y permitámosle que se manifieste poderosamente en *nuestro* favor.

Yo vi de primera mano el poder de la oración persistente. Ocho años después de que mi esposa y yo fundáramos la Christ Church, la congregación aún se reunía en unas instalaciones alquiladas. De hecho, en esa época nos reunimos a adorar en seis lugares diferentes, desde un hotel, un restaurante, y una sala de usos múltiples de una iglesia, hasta un salón de fiestas. La mayoría de las veces nos hicieron desalojar esos locales sin previo aviso. En una ocasión, nos dijeron un viernes en la mañana que los propietarios del salón de fiestas se habían declarado en bancarrota y que no podíamos continuar utilizando sus instalaciones. La presión por encontrar un lugar de reunión para el siguiente domingo requería de un milagro de Dios. Encontramos un lugar, pero como el restaurante era tan grande que realizaban fiestas simultáneas durante nuestro tiempo de adoración, solo nos reunimos allí un mes.

De paso, nuestros vibrantes servicios de adoración eran una distracción para las recepciones de boda y otras reuniones sociales. Sin duda debíamos mudarnos. Todas esas mudanzas nos probaron física y emocionalmente. Cada semana los hombres de la iglesia tenían que montar y desmontar los equipos de sonido, arreglar las sillas y colocar los elementos en la habitación para armar un cómodo santuario temporal. Las mujeres trabajaban con nosotros cargando todo el material para la iglesia de los niños y decorando nuestro santuario improvisado con banderas, flores, etcétera.

Nueva Jersey es un lugar densamente poblado. Al norte, justo en las afueras de la ciudad de Nueva York, buscar un local con capacidad para quinientas o mil personas es como tratar de encontrar agua en el desierto. Recorrimos la región durante años, sin éxito. Finalmente, en 1994, en nuestro octavo año de ministerio, un agente de bienes raíces me llamó y me dijo: "Reverendo Ireland, encontré un edificio que aún aparece en el catálogo de listado múltiple. Es una antigua catedral en el municipio Montclair. ¿Nos podemos encontrar en la intersección de Church Street y Trinity Place en unos treinta minutos?". Inmediatamente le dije que sí y conduje como loco hacia el que sería nuestro futuro hogar. La necesidad de una sede se había convertido en algo personal. Aunque nuestra iglesia ya contaba con unos quinientos miembros, aún enfrentaba las observaciones periódicas de algunos visitantes y otras personas de la comunidad que definían como "iglesia verdadera" a aquella que posee un templo propio. En sus mentes aún no éramos una iglesia "verdadera" o "saludable" ya que no poseíamos un templo y no podían identificarse con una iglesia sin una sede física.

Cuando me detuve frente a la catedral, me pareció una monstruosidad. Me di cuenta de que había sido un hermoso lugar cuando estuvo en su apogeo y que había sido un motivo de orgullo para la comunidad.

Pero lo que veía ahora delante de mí era horrible. Los árboles estaban infestados de garrapatas y piojos. No había grama, sino tierra desnuda. ¡Y estoy hablando de lo mejorcito que vi! Cuando crucé la puerta, pensé que había entrado por accidente en la casa de los Locos Addams. El interior estaba completamente destruido. El friso de las paredes se había caído por todas partes. El altísimo campanario estaba goteando, y en el suelo había pedazos de pared y otros escombros esparcidos por todos lados.

El santuario principal del edificio tenía cabida para aproximadamente novecientas personas, incluyendo el balcón; pero necesitaba de mucho cuidado y cariño, por decirlo de alguna manera. Había ocho lámparas que colgaban de un techo de dieciocho metros de alto. Cada una tenía ocho diminutos bombillos de veinticinco vatios, lo que hacía que el lugar luciera terriblemente lúgubre y oscuro.

A pesar de que la estructura estaba tan deteriorada, había varios grupos que alquilaban espacios en esas instalaciones. Los propietarios, la Primera Iglesia bautista de Montclair, utilizaban una pequeña capilla para sus reuniones. Una sinagoga judía utilizaba el salón más grande. También había una iglesia pentecostal, una guardería, un grupo místico oriental y un banco de alimentos, entre otros grupos más pequeños. Era como La Meca, con todos los caminos conduciendo a Dios.

Pero mi necesidad personal de una sede me impulsó a seguir adelante. Antes de que termináramos de ver la mitad de las instalaciones, le dije: "¡La quiero!", y luego recordé preguntarle:

—¿Cuánto cuesta?

—Cuesta 1.25 millones. ¡Es una ganga! —me respondió.

Completamente de acuerdo con su opinión, le dije:

—Está bien, voy a ofrecer el precio completo.

Firmé el contrato la mañana del viernes. Luego, el agente de bienes raíces me dijo:

—Reverendo, por favor traiga la primera parte, la cuota inicial, que es de cien mil dólares, el lunes.

—¡Claro! —le dije, sin tener la menor idea de cómo cumpliría esa promesa.

Mientras caminaba hacia mi automóvil, un pensamiento me golpeó como una tonelada de ladrillos: *No tenemos cien mil dólares. Ni siquiera tenemos diez mil. ¿Qué hice? ¿Qué vamos a hacer ahora?* Lo único que se me ocurrió hacer fue comenzar a orar persistentemente. Y créame, fue una oración *apasionada* y muy *específica*. Necesitaba cien mil dólares para el lunes, a solo tres días de distancia. Mi oración también fue *personal*. Necesitaba una sede para mi congregación en crecimiento.

Después de la primera hora de oración persistente, la única impresión que recibí del Espíritu Santo fue hacer circular un anuncio especial a nuestros miembros. Le pedí a mi pequeño equipo que contactara a nuestros líderes de grupos pequeños, para que llamaran por teléfono a cada miembro de su grupo pequeño. Las llamadas telefónicas solo dirían que el pastor David tenía un anuncio especial, por lo que se pedía a todos que asistieran el domingo al servicio de adoración. Solamente el equipo pastoral sabía cuál era el anuncio.

Después de dar las instrucciones, regresé a mi lugar de oración para continuar clamando a Dios.

Necesitaba cien mil dólares para el domingo y era viernes en la tarde. La segunda impresión que recibí en oración, fue contratar a un fotógrafo para que tomara una foto específica de la iglesia. La idea era que la fe se encendiera en los corazones de las personas al ver una imagen de la grandeza de la estructura. Mi problema, sin embargo, era que la edificación no era nada agradable a la vista. Me encontré con el fotógrafo en el lugar y lo llevé al balcón. Le pedí que ajustara el ángulo de su cámara de manera que consiguiera una foto de lo único que se veía bien en el edificio: el hermoso vitral en la parte trasera del altar. Esta pintoresca ventana en forma de rosa se veía muy bien, sobre todo alrededor de las dos de la tarde cuando el sol estaba en su punto más brillante. Los ricos tonos de rojo, azul y ámbar se iluminaban en cada detalle de los magníficos dieciocho por nueve metros del vitral.

El fotógrafo siguió mis indicaciones, asegurándose de que no se vieran las lámparas, que aparte de feas y de no alumbrar bien, estaban cubiertas de polvo y telarañas. Le pedí que sacara setecientas copias. Con las fotos en la mano, regresé a mi lugar de oración para continuar con mi oración persistente.

Oré durante varias horas más en el transcurso del viernes y el sábado, derramando mi alma al Señor. El domingo en la mañana aún no tenía la menor idea de lo que iba a hacer. Lo único que sabía era que necesitaba cien mil dólares en efectivo el lunes o perderíamos la compra del único lugar que pude encontrar en ocho años de búsqueda. Aunque me dirigí a la iglesia esa mañana con la incertidumbre de *cómo* íbamos a conseguir los cien mil dólares para la obra del Señor, la oración me dio una paz y la seguridad de que el dinero estaría allí, en su totalidad, esa mañana.

La sala de reuniones Essex Manor estaba llena de emoción el domingo en la mañana. Después de la sección de adoración de nuestro servicio, pasé a la plataforma y saludé a los asistentes. Podía sentir sus pensamientos: *Basta de saludos, ¿qué es lo que quiere compartir con nosotros, Pastor?* Les respondí anunciando en tono de celebración: "¡Hemos encontrado un lugar! ¡Los ujieres les mostrarán las fotos!". Cuando todo el mundo vio la foto del majestuoso vitral, el lugar estalló en alabanza. Algunos danzaban en los pasillos, otros saltaban de un lugar a otro frente a sus asientos, y otros lloraban y daban gracias a Dios en voz alta. Hasta los más conservadores mostraron su júbilo.

Después de unos diez minutos de aplausos, celebración, gritos y cantos, tranquilicé a todos con estas palabras: "Solo hay un pequeño detalle que debemos resolver". Señalé las puertas traseras que conducen a la salida y dije: "Antes de que salga hoy por esas puertas, necesito cien mil dólares en efectivo". La sala se volvió inquietantemente tranquila.

El silencio fue pronto interrumpido por el sonido inconfundible de las fotos siendo rasgadas, como diciendo: "Era muy lindo para ser verdad". De la nada salieron estas palabras de mi boca: "¡No se preocupen! ¡Todo lo que necesitamos está en este recinto!". Era como si Dios estuviera hablando a través de mí. Sentí la seguridad del Espíritu Santo de que el dinero que necesitábamos para cerrar la compra estaba en el lugar.

La oración ferviente y poderosa nace del dolor y la angustia de aquello que nos falta, y que solo puede ser aliviado por medio de la oración.

Lleno de determinación debido a esta realidad, pedí rápidamente que se levantaran dos personas que pudieran dar cinco mil dólares. Sorprendentemente, dos personas se pusieron de pie. Un instante después dije: "Ahora necesito que cinco personas que puedan dar dos mil quinientos dólares, se coloquen de pie". Al instante cinco personas se pararon. Nuevamente me sorprendí. Continué con ese mismo formato, disminuyendo los montos, y en menos de diez minutos teníamos cien mil dólares en efectivo. La congregación en algarabía comenzó a dar gracias a Dios.

La oración ferviente y poderosa nace del dolor y la angustia de aquello que nos falta, y que solo puede ser aliviado por medio de la oración. Ana vivía en un constante estado de derrota espiritual. Ella estaba harta de su esterilidad y de ser el objeto de las burlas de Penina. El dolor de la esterilidad formaba parte de *sus* sentimientos personales; así como la tristeza, la depresión y el vacío emocional.

El hecho de que su esposo era rico—lo cual se evidenciaba porque tenía dos mujeres—, no era suficiente para Ana. El dinero no podía satisfacer *su* necesidad de poner en práctica sus instintos maternales con un hijo. El amor conyugal, que Elcana le daba libremente, no era suficiente para mitigar *su* dolor. Ni siquiera la religión, con todos sus rituales y prácticas, tranquilizaba el alma amargada de Ana. Ella realmente quería un hijo, y por eso debía derramar su alma en oración delante de

Dios. La oración persistente no puede ser delegada a otra persona. Como él la amaba, Elcana se mostró satisfecho con los niños que Penina le había dado. Pero Ana tuvo que inscribirse personalmente en la escuela de oración.

A su mente llegó el pensamiento de que Dios es lo suficientemente poderoso para conceder los deseos de *su* corazón. Tener un hijo cambiaría su destino para siempre. Aunque su deseo era personal, no era egoísta. En el tiempo de oración de Ana la idea de tener un hijo para su propia satisfacción se hizo demasiado limitante y egoísta. Ella hizo que su oración fuera apta al prometerle a Dios: "Si te dignas mirar la desdicha de esta sierva tuya y, si en vez de olvidarme, te acuerdas de mí y me concedes un hijo varón, yo te lo entregaré para toda su vida" (1 S. 1:11).

Ana confesó abiertamente *su* desdicha. Reconoció libremente *su* deseo de tener un hijo. Aunque su oración era personal, no fue egoísta. Este muchacho sería dedicado al Señor y a su obra.

La oración persistente es apasionada

Ana había vivido en un estado de esterilidad durante muchos años. Aunque estaba preocupada, angustiada y deprimida por su situación, ella no consideró convertirlo en un asunto de oración. De hecho, ella ni siquiera había considerado la oración. Esto es lo que sucede con muchos de nosotros. Nuestras emociones eclipsan nuestra claridad espiritual, y no consideramos a Dios como *la única* fuente de bendiciones, de respuestas y de sabiduría para combatir nuestros dilemas. Me gustaría ayudarle a entender completamente el estado emocional de Ana, invitándole a familiarizarse con los siguientes versículos de su historia.

> "Cada año Elcana salía de su pueblo para adorar al Señor todopoderoso y ofrecerle sacrificios en Silo, donde Ofni y Finees, los dos hijos de Elí, oficiaban como sacerdotes del Señor. Cuando llegaba el día de ofrecer su sacrificio, Elcana solía darles a Penina y a todos sus hijos e hijas la porción que les correspondía. Pero a Ana le daba una porción especial, pues la amaba a pesar de que el Señor la había hecho estéril. Penina, su rival, solía atormentarla para que se enojara, ya que el Señor la había hecho estéril. Cada año, cuando iban a la casa del Señor, sucedía lo mismo: Penina la atormentaba, hasta que Ana se ponía a llorar y ni comer quería. Entonces Elcana, su esposo, le decía: 'Ana, ¿por qué lloras? ¿Por qué no comes? ¿Por qué estás resentida? ¿Acaso no soy para ti mejor que diez hijos?'".
>
> —1 SAMUEL 1:3–8

Es claro que Ana había caído presa de un estado emocional poco saludable. Muchos cuando están en medio de problemas de carácter físico, a menudo pasan por alto la oración como una solución. Otros están demasiado angustiados emocionalmente como para pensar en orar. Su dolor obnubila lo mejor de ellos. Otros no oran porque no tienen fe en Dios. Y otros se alejan de la oración, de la verdadera oración, porque no están en sintonía con Dios. No observan los aspectos de la obediencia que Dios pide, como la confesión de los pecados y el colocar a Cristo en primer lugar en las prácticas de su estilo de vida; pero la obediencia es un requisito indispensable en la lista de los requerimientos de Dios para contestar las oraciones. Fue por ello que Juan escribió: "Si confesamos nuestros pecados, Dios, que es fiel y justo, nos los perdonará y nos limpiará de toda maldad" (1 Jn. 1:9). Entrar en sintonía con Dios es sencillo. Solo necesitamos una simple pero sentida confesión de los pecados para tener acceso completo al Señor y a todo su poder.

"Rápido y frecuente" es la mejor manera de describir la forma en que yo confieso mis pecados. Con los años, he aprendido que lo mejor es pedirle a Dios que perdone mis pecados tan pronto como soy consciente de ellos. No quiero vivir en una falta de comunión con Jesús. Sé que el pecado es lo que crea la primera fisura en mi relación con Él, y la brecha va creciendo a medida que me voy tardando en confesar mis pecados delante de Él. Así que constantemente me presento delante de Dios confesando todos mis pecados, arrepintiéndome de ellos, y renunciando a ellos, incluso los que he cometido sin saber. Así como debemos hacer los pagos de la cuota del automóvil, de la hipoteca y de las demás obligaciones financieras para permanecer limpios ante nuestros deudores, debemos mantener la confesión de nuestros pecados actualizada para permanecer limpios delante de Dios. Esto nos da la plena confianza de que nuestro santo y amoroso Padre disfrutará de responder nuestras oraciones.

Algo cambió en Ana ese día en el templo. Cambió sus lágrimas por oraciones líquidas. Su depresión se transformó en una oración apasionada. Ya no trataría de medicar su quebrantado corazón con lamentos y ayunos espiritualmente vacíos. Decidió luchar por su destino a través de la oración. Entró en la escuela de la oración, afirmando que había ido a "desahogarse delante del Señor" (1 S. 1:15). ¡Ana se convirtió en una apasionada de su necesidad!

> "Con gran angustia comenzó a orar al Señor y a llorar desconsoladamente. Entonces hizo este voto: 'Señor todopoderoso, si te dignas mirar la desdicha de esta sierva tuya y, si en vez de olvidarme, te acuerdas de mí y me concedes un hijo varón, yo te lo entregaré para toda su vida, y nunca se le cortará el cabello'. Como Ana estuvo orando largo rato ante el Señor, Elí se fijó en su boca. Sus labios se movían pero, debido a que Ana oraba en voz baja, no se podía oír su voz. Elí pensó que estaba borracha, así que le dijo: '¿Hasta cuándo te va a durar la borrachera? ¡Deja ya el vino!'. 'No, mi señor; no he bebido ni vino ni cerveza. Soy solo una mujer angustiada que ha venido a desahogarse delante del Señor. No me tome usted por una mala mujer. He pasado este tiempo orando debido a mi angustia y aflicción'. 'Vete en paz', respondió Elí. 'Que el Dios de Israel te conceda lo que le has pedido'".
>
> —1 Samuel 1:10–17

Algo cambió en Ana ese día en el templo. Cambió sus lágrimas por oraciones líquidas. Su depresión se transformó en una oración apasionada.

Unos nueve meses después de haber hecho su súplica apasionada al Señor, Ana abrazó a su bebé Samuel. Después de que fue destetado, Ana cumplió su promesa de dedicarlo al Señor. Samuel permaneció en Silo con Eli y se convirtió en uno de los profetas más poderosos en la historia de Israel. ¡La oración persistente es una oración apasionada porque es precisa! La oración persistente está diseñada para levantar cargas pesadas de nuestro corazón, y convertirlas en cargas livianas.

LA ORACIÓN PERSISTENTE ES PRECISA

La oración persuasiva requiere de un enfoque singular. Es precisa como un sensor de láser. Ana, como la mayoría de las personas, tenía muchas necesidades, pero la que más consumía su mente era su esterilidad. Ana oró por un hijo. Charles Finney, el famoso evangelista estadounidense, escribió: "El Espíritu lleva a los cristianos a desear y orar por cosas de las que no se dice nada específicamente en la palabra de Dios".[3] Como subraya Finney, Dios puso el deseo de un hijo en el corazón de Ana. Ese deseo hizo que su oración fuera enfocada y precisa.

Tomar la determinación de orar hasta que estemos seguros de que nuestra voz sea escuchada en lo alto, no es algo que debe hacerse en la ducha o mientras conducimos al trabajo. La oración persistente requiere tiempo.

La oración persistente también estuvo presente en el huerto de Getsemaní cuando Jesús oró: "Padre mío, si es posible, no me hagas beber este trago amargo. Pero no sea lo que yo quiero, sino lo que quieres tú" (Mt. 26:39). La oración de Jesús fue específica. Su solicitud singular se refería al momento de la crucifixión, ilustrada en la metáfora del trago amargo que pidió no beber. Mientras continuaba orando en el huerto, hizo la misma petición particular dos veces más. Después de cada solicitud se acercó a los tres discípulos, Pedro, Santiago y Juan, y los encontró durmiendo en vez de estar orando. Después de animarlos a perseverar en la oración, retomó la oración persistente. En total hizo tres peticiones separadas, todas con la misma petición específica: "Padre mío, si no es posible evitar que yo beba este trago amargo, hágase tu voluntad" (v. 42).

La oración persistente es descrita detalladamente por el guerrero de rodillas cuando derrama su alma atormentada delante de Dios. Cuando nuestras almas están angustiadas por un asunto en particular por sobre todos los demás, ofrecemos este tipo de oración. Antes de que Jesús comenzara a orar, les dijo a los tres hombres: "Es tal la angustia que me invade, que me siento morir" (v. 38). Del mismo modo, antes de que Ana comenzara a orar, ella estaba angustiada. La precisión en su oración nació de esta "angustia del alma" (1 S. 1:10). Su carga emocional se convirtió en el único tema de su oración persistente. Su súplica apasionada a Dios fue alimentada por las fuertes emociones que sentía en relación con el asunto que motivaba su oración. No ignoremos o minimicemos el papel que nuestras emociones juegan cuando oramos. Dios toma el poder de nuestras emociones como parte de la oración. Jesús mostró sus emociones de tristeza al igual que Ana mostró su angustia. En ambas ocasiones, sus emociones estaban en sincronía con sus palabras apasionadas al orar. Y ambos fueron escuchados por Dios.

La oración persistente tiene un propósito

La oración de Ana tenía un propósito más grande que simplemente poder cargar un bebé en brazos. A medida que persistía en la oración, pensaba en el Reino de Dios. Así que ella se comprometió a dar a su hijo al Señor para que él sirviera a Dios durante toda su vida. Su deseo era ver a un sacerdote que verdaderamente representara a Dios en su proceder. Ana ofreció a su hijo para que viviera como nazareo desde su nacimiento cuando prometió: "Y nunca se le cortará el cabello" (v. 11). Un nazareo dedicado plenamente al servicio del Señor en un triple compromiso. En primer lugar, la navaja no podía ser usada nunca en su cabeza. En segundo lugar, no podían beber cualquier vino o sidra. En tercer lugar, no comían nada que fuera considerado impuro (Lv. 10:8–9; Jue. 13:6–7). El propósito de Ana en su búsqueda de un hijo, era producir un hombre dedicado por completo a la obra de Dios.

Otro propósito detrás de la oración de Ana pidiendo un hijo era el mejoramiento de la nación de Israel. Su país carecía de un liderazgo adecuado y temeroso de Dios. Los sacerdotes en ese momento, Ofni y Finees, los dos hijos de Elí, eran moral y espiritualmente corruptos. Era de conocimiento público en toda la tierra que estos hombres dormían con las mujeres que servían a la entrada del santuario (1 S. 2:22–24). Imaginemos esto: los sacerdotes eran tan depravados que se acostaban con las mujeres vulnerables, ¡y ni siquiera eran condenados cuando la noticia de su depravación se hacía pública! Ana quería algo mejor para el sacerdocio. Ella quería algo mucho mejor para su nación y su oración fue escuchada porque tenía ese propósito en mente.

Debemos orar con la convicción de que vale la pena luchar por las bendiciones de Dios.

Igualmente importante para Ana era la necesidad de un hijo que pudiera modelar los caminos del Señor a la siguiente generación. La próxima generación de israelitas tenía derecho a un mejor ejemplo de hombres consagrados que el de Ofni y Finees. A medida que persistía en la oración, este pensamiento debió haber rondado en su mente: nada es más importante que orar por un propósito que es más grande que nosotros. La idea de dar a su hijo al Señor se le hizo fácil porque su oración tenía un propósito divino.

La oración persistente es perseverante

No podemos andar con apuros mientras esperamos en Dios. Tomar la determinación de orar hasta que estemos seguros de que nuestra voz sea escuchada en lo alto, no es algo que debe hacerse en la ducha o mientras conducimos al trabajo. La oración persistente requiere tiempo. Jacob luchó *toda la noche* con el ángel del Señor. Al amanecer, este ángel que había aparecido en forma de hombre le dijo a Jacob: "'¡Suéltame, que ya está por amanecer!'. '¡No te soltaré hasta que me bendigas!', le respondió Jacob" (Gn. 32:26). La experiencia de Jacob con la oración persistente duró toda la noche. Pero no nos mostremos reacios por el tiempo necesario para la oración persistente. Sus recompensas superarán cualquier sacrificio de tiempo que hagamos

El gran profeta Elías oró siete veces por la lluvia. Cada vez que se inclinaba hasta el suelo y ponía su rostro entre sus rodillas, clamaba fervientemente a Dios. Solo al final de la séptima sesión fue que prevaleció (1 R. 18:41-44). La lluvia llegó, la hambruna terminó y la nación experimentó un diluvio de bendiciones de Dios. El texto no deja en claro cuánto tiempo pasó entre las siete sesiones de oración de Elías, pero lo que sí sabemos es que él puso en práctica la oración persistente. El hecho de haber enviado a su siervo en siete ocasiones específicas a mirar hacia el mar a ver si había una nube, nos dice que el profeta persistió en su petición. Al igual que Jacob, no iba a soltar a Dios hasta que enviara la lluvia.

Este mismo rasgo de la perseverancia estaba presente en las sesiones de oración de Ana. Luego de orar y prometer al Señor, las Escrituras recalcan que "estuvo orando largo rato ante el Señor" (1 S. 1:12). La oración persistente es perseverante. Ana necesitó de tiempo para derramar su alma ante el Señor. Esto solo puede suceder cuando eliminamos las distracciones y nos conectamos emocional y espiritualmente con el Señor. Yo a veces comienzo a orar con la mente llena de los asuntos del día. Pero solo después de liberar mi mente de esas distracciones, es que logro un tiempo significativo y eficaz en oración.

Debemos orar con la convicción de que vale la pena

luchar por las bendiciones de Dios. Ana sabía en lo profundo de su corazón que Dios recompensa a aquellos que diligentemente lo buscan en oración (Heb. 11:6). La idea de persistir en la oración se origina en Dios. Somos invitados por el Espíritu Santo a llevar con fe nuestro caso ante la corte celestial. Dios no crearía un hambre dentro de nosotros por algo que no planea alimentar. El clamor de Ana por un hijo nació primero en el corazón de Dios. Era Él el que "la había hecho estéril" (1 S. 1:5), y sería Él quien le quitaría la esterilidad.

Ana persistió en la oración y esto la maduró. Ahora conocía a Dios más íntimamente. Su relación con Dios pasó de ser teórica y especulativa a práctica y relacional.

La oración persistente es poderosa

La oración persistente resultó ser lo suficientemente poderosa como para eliminar la infertilidad de la vida de Ana. Su semblante ya no era pesado y sombrío. La carga de su alma atribulada fue derramada ante el Señor. Después de persistir delante de Dios, "Ana se despidió y se fue a comer. Desde ese momento, su semblante cambió" (v. 18). El poder de este tipo de oración radica en que mueve Dios. Ana estaba llena de esperanza; de esa esperanza que proviene de Dios. Su confianza no estaba en la fuerza de ella o en la virilidad de Elcana. La confianza de Ana descansaba en el poder de Dios.

¿Cómo podemos saber cuándo debemos dejar de persistir en la oración? Cuando sentimos una paz en el corazón que nos indica que la respuesta ha sido concedida.

Ana ya no estaba descontrolada emocionalmente por causa de Penina. Estaba llena de la paz de Dios, cimentada en sus sesiones de oración. La oración persistente fue lo suficientemente poderosa como para anclar su fe en Aquel que es inamovible. El Señor todopoderoso le había asegurado que su situación había sido resuelta en los tribunales del cielo. Su caso había sido defendido de manera ferviente y efectiva. Sus palabras poderosas y persuasivas, derivadas de un corazón de sacrificio y preocupación por el Reino de Dios, resultaron de gran alcance.

El caso fue resuelto para siempre. No hubo más necesidad de orar por el asunto. Fue como cuando Jesús les dijo a sus tres discípulos en el huerto de Getsemaní: "¡Levántense! ¡Vámonos!" (Mt. 26:46). Él había prevalecido poderosamente en la oración. Fue como cuando Elías le pidió a su siervo que le dijera a Acab al ver la nube que salía del mar: "Engancha el carro y vete antes de que la lluvia te detenga" (1 R. 18:44). En otras palabras: "Ya no necesito orar más por la lluvia, Dios ya respondió".

La pregunta que debemos responder es: ¿Cómo podemos saber cuándo debemos dejar de persistir en oración? Solo hay una respuesta: Cuando sentimos una paz en el corazón que nos indica que la respuesta ha sido concedida. No olvidemos que la oración persistente comienza con una enorme necesidad que no ha sido satisfecha en nuestra vida. Nos sentimos abrumados, y el único que puede satisfacer esa necesidad es Dios. Del mismo modo, nuestras emociones se sentirán satisfechas cuando movamos a Dios en oración. Sentiremos que la necesidad emocional ha sido cubierta, incluso aunque la promesa como tal se tarde un poco.

En el caso de Ana, el bebé llegó "a su debido tiempo" (1 S. 1:20, NTV), o como el historiador judío Flavio Josefo señala, "cuando habían regresado a su propio país"[4] ella descubrió que estaba embarazada.

Una sensación de paz interna nos señalará inequívocamente que ya no tenemos que volver a orar por el asunto. Ya ha sido resuelto por Dios. Vivimos en la seguridad de que hemos movido a Dios y esa pesada carga ha sido quitada de nuestros hombros. Nos hemos graduado de la escuela de oración como un guerrero de rodillas. Los requisitos para obtener el título han sido cumplidos. Hemos tenido éxito en el arte de la oración persistente.

Capítulo 6

EL ARTE DE LA GUERRA ESPIRITUAL

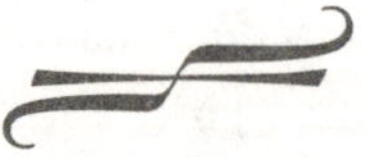

CUANDO PRESENCIAMOS LA HABILIDAD DE LOS luchadores de élite, nos parece estar viendo un espectáculo bien coreografiado. Ellos invierten incontables horas ejercitándose y practicando para llegar a convertirse en expertos en técnicas de lucha específicas. Cuando llega la competencia real, sus movimientos son agraciados y parecen ser realizados sin esfuerzo. Esos expertos combatientes conocen las técnicas de ataque y contraataque que deben aplicar para derrotar a sus oponentes. De la misma manera, nosotros debemos esforzarnos para llegar a convertirnos en expertos en el arte de la guerra espiritual. Para llegar a esa altura debemos conocer los pormenores de las técnicas de lucha que Jesús enseñó.

Frances era una madre soltera y un miembro fiel de mi congregación. Se había tornado cada vez más difícil para ella mantener una relación sana con Becky, su hija adolescente. La joven se había vuelto belicosa, insolente y distante. Cada conversación que tenían terminaba en pelea. Cuando Frances le preguntaba si quería acompañarla a la iglesia, ella se encolerizaba. Apenas unos años antes, Becky había sido una niña tierna y compasiva a la que le encantaba ir a la iglesia. Ahora, había comenzado a escuchar un tipo de música que sonaba casi demoníaca y espeluznante. Además, se había perforado las orejas y otras partes de la cara. Lucía deprimida, retraída y parecía odiarse a sí misma. Su madre refirió: "He perdido todo acceso a ella". Incluso después de graduarse en la escuela secundaria y obtener una beca académica para la universidad, Becky seguía odiándose a sí misma y sumida en una profunda depresión.

Esta oscura tristeza afectó incluso su ciclo menstrual, que se paralizó por completo. Hasta sus labios cambiaron de color. El médico no podía dar con el problema, a pesar de haberle hecho varias pruebas sanguíneas. Finalmente, Frances se enfureció por lo que Satanás estaba haciendo, tratando de matar a su hija, de robarle su futuro y de destruir la relación entre ellas. Entonces le rogó a su hija, diciéndole: "Tú y yo debemos unirnos en oración para que Dios obre un milagro en ti". Para su sorpresa, ella aceptó. Estudiaron la descripción de la guerra espiritual que Pablo hace en el capítulo 6 de Efesios y Becky entendió que estaba siendo víctima de un ataque espiritual por parte de Satanás. Así que madre e hija comenzaron a clamar a Dios por ayuda. En dos días los labios de la chica recuperaron su color natural y su ciclo menstrual se activó de nuevo.

Pero el milagro de Dios no se detuvo allí. Cuando

Becky comprendió que Dios se preocupaba por ella, aceptó la invitación de su madre para asistir al Festival de la Oración, una reunión anual que realizan los líderes de nuestra iglesia, que implica dedicar un día entero para invocar a Dios en oración. La reunión incluye adoración, lecciones de capacitación sobre la oración, caminatas de oración en nuestra sede, y poderosos momentos de intercesión en grupo de rodillas, clamando al Dios amante. Allí oramos por nuestra nación, las familias y las comunidades. Luego descansamos un par de horas y regresamos por la noche para un servicio especial que llamamos "Un encuentro con Dios". Frances invitó a su hija a este último servicio. Esa noche Becky decidió dedicar de nuevo su vida a Cristo, y el poder de la depresión fue vencido cuando oré por ella.

Toda la congregación lloró mientras Frances compartía lo que Dios había hecho por esta preciosa jovencita. Dos semanas más tarde, recibí una carta que decía: "Recuperé a mi hija. Nuestra relación ha sido restaurada. Agradezco a Dios por contestar nuestras oraciones". Tuve el honor de ser testigo del poder de Dios para restaurar la vida de una creyente a través de la guerra espiritual.

Jesús les presentó a sus discípulos tres poderosas técnicas de guerra espiritual. Estas se enfocan en cómo debemos orar cuando necesitamos algo en nuestra vida o cuando algo está obstaculizando nuestro acceso a las promesas de Dios. La parábola del amigo de medianoche nos habla de un hombre que recibió un visitante inesperado a altas horas de la noche. La cultura del Medio Oriente dictaba que se debía servir comida a los invitados, y el pan no podía faltar, puesto que este cumplía la función de los actuales cubiertos. El pan era utilizado como utensilio para absorber la salsa y los jugos de las carnes. Como el hombre no tenía pan, se fue a casa de un vecino amigo y le pidió tres panes. Era medianoche, y el amigo y su familia estaban durmiendo. Después de llamar insistentemente, el amigo le gritó que no se levantaría a darle nada, pero el hombre era muy insistente y continuó llamando a la puerta. Así que su amigo se levantó de mala gana y le dio las tres hogazas de pan.

La parábola concluye con esta instrucción: "Así que yo les digo: Pidan, y se les dará; busquen, y encontrarán; llamen, y se les abrirá la puerta. Porque todo el que pide, recibe; el que busca, encuentra; y al que llama, se le abre" (Lc. 11:9–10). Pedir, buscar y llamar, son tres técnicas de oración fundamentales. Cuando son utilizadas por un guerrero de rodillas, cada una proporciona una clave para asegurar la respuesta divina. El hombre que tenía los panes, reiteradamente se los negó a su amigo. Pero el amigo insistió y continuó pidiendo, continuó buscando y continuó llamando hasta que la puerta se abrió y recibió lo que pedía.

Jesús dijo que debemos pedir, y recibiremos lo que pedimos. La palabra *buscar* significa perseguir. Debido a que esta parábola fue la respuesta a la solicitud "enséñanos a orar" que los discípulos le hicieron a Jesús (v. 1), las tres palabras: pedir, buscar y llamar tienen que ver con la oración. Pero en el ámbito de la oración la palabra *buscar* significa más que solo perseguir. Significa "buscar a Dios y su respuesta con todo el corazón". Nuestro enfoque no puede estar dividido. No puede haber ninguna distracción o desvío del corazón en nuestra búsqueda de Dios y en su respuesta. El corazón debe estar limpio y totalmente comprometido con el Señor. Esto significa que las solicitudes, peticiones y oraciones deben ser precedidas de arrepentimiento y humillación. Cuando el corazón es purificado por el lavamiento de los pecados, entonces los motivos son puros y el enfoque es nítido.

Esta definición de *buscar* se encuentra en una serie de pasajes Bíblicos que ilustran claramente su significado. Por ejemplo, durante una de las visiones que Dios le dio a Salomón, el Señor compartió lo siguiente sobre sí mismo: "Pero si mi pueblo, que lleva mi nombre, se humilla y ora, *busca mi rostro* y se aparta de su conducta perversa, yo oiré desde el cielo, perdonaré sus pecados y restauraré su tierra". (2 Cr. 7:14, NTV, *itálicas añadidas*). Dios responde a la gente que lo busca siempre y cuando la búsqueda tenga un enfoque puro e indiviso. Se requiere humillación, arrepentimiento y abandono de los pecados para que la búsqueda del Señor sea correcta y eficaz. Cuando nos aproximamos a Dios acompañados de estos elementos, Jesús promete que el que busca, encuentra.

Pedir, buscar y llamar, son tres técnicas de oración fundamentales. Cuando son utilizadas por un guerrero de rodillas, cada una proporciona una clave para asegurar la respuesta divina.

El enfoque de la oración al buscar al Señor también se evidenció cuando Jeremías expresó el deseo de Dios para los exiliados de Israel: "Entonces ustedes me invocarán, y vendrán a suplicarme, y yo los escucharé. *Me buscarán* y me encontrarán, cuando *me busquen de todo corazón*" (Jer. 29:12–13, itálicas añadidas). Esta profecía prácticamente les enseñó a los israelitas cómo *buscar* a Dios a través de la oración. Para encontrar a Dios en oración la búsqueda debe cumplir un requisito, y es que debe hacerse con *todo* el corazón. Tanto Salomón como Jeremías coinciden en que se debe *buscar a Dios y su respuesta con todo el corazón.* Esta es la segunda de las tres técnicas de guerra espiritual que debemos dominar.

Jesús también les dijo a sus discípulos que todo aquel que pide, recibe; el que busca, halla; y al que *llama*, se le abrirá la puerta. La palabra *llamar* significa algo más que dar simples golpecitos en una puerta. Dado que la palabra se usa en el contexto de la oración, su significado ha de tener un enfoque único en el contexto de la oración, al igual que las otras dos técnicas de guerra. La palabra *llamar* implica *comprometer nuestra fe a través de la oración de guerra, el ayuno, la oración en pareja, y otras experiencias similares*, hasta que la puerta se abra para nosotros. Aunque la palabra *llamar* no aparece aplicada a la oración en otras partes de la Biblia, su principio y su técnica están implícitos en otros pasajes. Por ejemplo, durante un tiempo económicamente devastador por el que atravesó la nación de Israel, el profeta Joel profetizó para instruir a los ancianos:

> "Vístanse de duelo y giman, sacerdotes; laméntense, ministros del altar. Vengan, ministros de mi Dios, y pasen la noche vestidos de luto, porque las ofrendas de cereales y

> las libaciones han sido suspendidas en la casa de su Dios. Entréguense al ayuno, convoquen a una asamblea solemne. Reúnan a los ancianos del pueblo en la casa del Señor su Dios; reúnan a todos los habitantes del país, y clamen al Señor".
>
> —JOEL 1:13–14

La guerra espiritual se produce cuando experimentamos resistencia a la voluntad de Dios.

En estos versículos encontramos el principio y el significado de *llamar* de forma implícita. El profeta instó a los ancianos y líderes espirituales a ejercitar su fe a través del ayuno, el clamor a Dios, la oración en conjunto, y la oración nocturna ininterrumpida, para que Dios proveyera su liberación. La necesidad era grande, y la única manera de asegurar la bendición de Dios era entrando a la guerra espiritual al más alto nivel, que era tocando hasta que la puerta de la provisión se abriera.

Jesús nos enseñó a crecer en el arte de la guerra espiritual aprendiendo a usar tres métodos para asegurar la bendición: pedir, buscar y llamar. La guerra espiritual se produce cuando experimentamos resistencia a la voluntad de Dios. Hay un solo ser espiritual que constantemente nos instiga a revelarnos y oponernos a la voluntad de Dios. Se trata de Satanás. Esta resistencia proviene de la continua batalla que se libra entre el bien y el mal, entre la fe y la duda, entre la justicia y el pecado. La guerra espiritual se evidencia incluso en la colisión entre las diferentes visiones del mundo. La cosmovisión bíblica a menudo encuentra antagonismo en quienes defienden puntos de vista opuestos en cuanto a la vida personal y cívica. Trátese del posmodernismo, el humanismo secular, el Islam, o el mismo ateísmo antiguo, la colisión de puntos de vista refleja una dimensión de la guerra espiritual.

Sea cual sea el origen de la guerra espiritual, no debemos retroceder, sino contrarrestar al enemigo a través de la oración. Estas tres técnicas de oración son poderosas cuando son utilizadas correctamente. El capítulo 20 del libro de Jueces registra un ejemplo excelente del uso de las tres técnicas para recibir respuesta a la oración y asegurar las bendiciones de Dios.

La guerra espiritual exige acción física y espiritual.

PIDAMOS Y RECIBIREMOS

La historia se desarrolla durante el período de la historia de Israel en el que aún no había reyes que gobernaran la nación. Periódicamente, Dios utilizaba a los jueces para dirigir la nación durante un período de tiempo no especificado. Algunos jueces como Samuel, Gedeón, Sansón y Débora dirigieron la nación en épocas diferentes. Durante una fase en la que no había juez, un levita se encontraba llevando a su esposa a casa después de visitar a sus padres en otra parte del país. El viaje era largo, por lo que se detuvo a pasar la noche en Guibeá, una ciudad perteneciente a la tribu de Benjamín. Allí, la mujer del levita fue violada durante toda la noche por un grupo de hombres malvados, hasta que murió.

El levita estaba tan aterrorizado por este atroz crimen cometido por los benjamitas, hombres de la nación santa de Israel, que cortó el cuerpo de su esposa en doce pedazos. Luego, envió un pedazo a cada una de las doce tribus para exigir justicia por el brutal asesinato (Jue. 20:4–7). Para él, la muerte de su esposa representaba una tragedia nacional, que revelaba el estado de pecaminosidad del pueblo "santo" de Dios.

Impresionado y airado, todo el pueblo se reunió para exigir por unanimidad la pronta imposición de medidas de justicia en contra de los benjamitas. Así que demandaron a los benjamitas la entrega de los hombres que cometieron el asesinato para condenarlos a muerte. Pero los benjamitas se negaron. En su lugar, se reunieron unos veintiséis mil setecientos hombres en Guibeá para luchar contra cuatrocientos mil soldados de Israel. No puedo imaginar qué grado de deterioro habían alcanzado los benjamitas como resultado de una vida de pecado y alienación contra Dios, como para trazar un plan tan nefasto. Estaban dispuestos a defender con violencia a los violadores y asesinos, en lugar de dejarlos enfrentar la pena capital (v. 12–17).

Alejémonos un poco y analicemos la alarmante disposición de los benjamitas para defender la atrocidad cometida por estos hombres viles. Evidentemente la guerra espiritual los había cegado al punto de impedirles ajustarse a la moralidad básica. Recordemos que la guerra espiritual está en pleno desarrollo cada vez que vemos el mal luchando contra el bien, o el pecado oponiéndose a la rectitud. La solución no era simplemente borrar del mapa a los benjamitas en una pelea callejera sin cuartel, aunque eso era muy tentador. La guerra espiritual exige acción física y espiritual. Siempre que algo se opone a la voluntad de Dios, la guerra espiritual debe ser la primera reacción. Indudablemente la voluntad de Dios era imponer justicia, una justicia severa, contra los violadores y asesinos. Ahora bien, si los benjamitas estaban dispuestos a proteger a estos hombres, su comportamiento representaba un acto de injusticia contrario a la voluntad de Dios. Ellos tendrían que rendir cuentas por eso.

Antes de tomar medidas en contra de los benjamitas, los israelitas subieron a Betel, la casa de Dios, para consultar al Señor. Y de esta manera pidieron la dirección divina: "¿Cuál de nosotros será el primero en combatir a los de la tribu de Benjamín? El Señor respondió: Judá será el primero" (v. 18). Entendemos que Dios estaba a favor de que Israel aplicara una justicia rápida, severa y letal contra los hijos de Benjamín. Sin embargo, no autorizó que cuatrocientos mil soldados lucharan contra los veintiséis mil setecientos benjamitas. Solo la tribu de Judá debía ir a la lucha. Los israelitas conocieron los lineamientos de Dios cuando *pidieron* su ayuda en oración. La primera técnica en la guerra espiritual es *pedir*. Ellos hicieron su petición, en oración, y Dios les respondió. Jesús nos enseñó que si pedimos, recibiremos. Ellos pidieron y recibieron la aprobación de Dios para luchar contra los benjamitas, con la estipulación de que Judá debía ir primero.

Dios no dará respuestas, provisión o bendiciones para aquello que no está conforme con su voluntad. Él quiere que vivamos en el centro de su voluntad.

Para su sorpresa, Judá perdió veintidós mil hombres ese día. ¿Cómo pudieron ser derrotados? ¡Ellos tenían más tropas! De hecho, ¿no habían recibido la aprobación de Dios después de pedirle lineamientos en oración? Ciertamente. Pero la guerra espiritual es así, podemos perder una batalla, incluso obedeciendo las directrices de Dios. Por lo tanto, debemos saber cómo proceder después. ¿Por qué Jesús nos enseña que hay tres técnicas de guerra? Podemos concluir que cuando una técnica no genera la bendición esperada, debemos pasar a la siguiente técnica.

La guerra espiritual lleva implícita esa resistencia que encontramos cuando intentamos cumplir la voluntad de Dios o asegurar las promesas de Dios. Si nos encontramos fuera de la voluntad de Dios y estamos pidiendo sus bendiciones, estas no llegarán. Juan enseñó que podemos confiar en que recibiremos respuestas a nuestras oraciones, solo cuando las cosas que pedimos se ajustan a la voluntad de Dios (1 Jn. 5:14–15). En otras palabras, Dios no dará respuestas, provisión o bendiciones para aquello que no está conforme con su voluntad. Él quiere que vivamos en el centro de su voluntad. A medida que crecemos en la intimidad con Dios, será mucho más fácil que Él nos revele su voluntad y que podamos comprenderla y procurarla de todo corazón.

Cuando se frustra la voluntad revelada de Dios, debemos permanecer en modo de guerra espiritual. Si hemos pedido y no hemos recibido la bendición deseada, debemos seguir luchando hasta que la bendición esté asegurada. Los israelitas entendieron este principio. Para ellos estaba claro que la voluntad de Dios era castigar a los benjamitas por el crimen cometido por los hombres de Guibeá. Y aunque Dios les dio una respuesta afirmativa en cuanto a luchar contra ellos, perdieron la batalla. Habían pedido, y recibieron respuesta de Dios, pero no obtuvieron la victoria. En este caso, con la primera técnica de guerra espiritual no consiguieron las bendiciones. No nos preocupemos ni nos desalentemos si nos suceda algo similar. Simplemente pasemos a la segunda técnica de combate.

Busquemos y encontraremos

Algunas veces debemos permanecer de rodillas debido a la ineficacia de otros, especialmente cuando buscamos la solución a un dilema. Danielle, mi hija mayor, tenía una profesora bastante exigente en la universidad que no sabía comunicarse con claridad. A mi hija le quedaba un mes para entregar un trabajo final correspondiente al treinta por ciento de la calificación antes de terminar el semestre. Sin embargo, la joven e inexperta profesora no les dio una descripción o explicación de los requerimientos del trabajo. Simplemente les dijo: "Para esta fecha deben entregar el trabajo final". Danielle pasó unos minutos en oración, buscando una idea de parte de Dios para realizar el trabajo. El Señor puso una idea en su mente, y finalmente Danielle recibió la mayor calificación por su trabajo. Incluso en las cosas pequeñas como estas, la oración puede ser una herramienta poderosa para obtener sabiduría del Dios que todo lo sabe.

Los israelitas se despojaron de su desánimo en el campo de batalla ese día. Mantuvieron el asunto *primeramente* en el plano espiritual, antes de considerarlo desde una perspectiva militar o criminal. Toda la compañía de soldados israelitas regresó al lugar de oración. Y esto fue lo que sucedió:

> "Los israelitas se animaron unos a otros, y volvieron a presentar batalla donde se habían apostado el primer día, pues habían subido a llorar en presencia del Señor hasta el anochecer, y le habían consultado: '¿Debemos subir y volver a luchar contra los de Benjamín, nuestros hermanos?'. Y el Señor les había contestado: 'Suban contra ellos'".
>
> —JUECES 20:22–23

El estímulo es un paso vital en la guerra y el desarrollo espirituales. Algunas veces tendremos que animarnos a nosotros mismos en Dios. Eso es extremadamente importante, considerando los beneficios que proporciona el estímulo. Aunque el estímulo propio es insustituible, durante los tiempos de guerra intensa es importante conectarnos con otros guerreros de rodillas para obtener apoyo de diversas fuentes. El autor y *coach* de liderazgo John Maxwell dijo: "Recuerde que el hombre no vive solo de pan: a veces necesita un poco de mantequilla".[1] Esto fue lo que hicieron los israelitas antes de iniciar la fase de *búsqueda* en la guerra espiritual. Se animaron unos a otros. El filósofo estadounidense George Matthew Adams dijo: "Hay puntos altos en todas nuestras vidas y la mayoría de ellos han surgido gracias al estímulo de otros. Independientemente de lo grande, lo famoso o exitoso que un hombre o una mujer pueda ser, todos tenemos hambre de aplausos".[2]

La fase de búsqueda llevó a los israelitas de regreso al lugar de oración. Esta vez tenían que escudriñar sus corazones a través del arrepentimiento y la humillación, para entender cómo debían abordar este problema de justicia contra los benjamitas. Una pregunta fundamental debía ser respondida a través de la oración: ¿Habían perdido de vista a Dios? Durante la fase en la que pidieron, ¿realmente escucharon decir a Dios que lucharan contra los benjamitas? Esta pregunta fundamental debía ser respondida antes de que pudieran avanzar al siguiente ataque. La esencia del asunto estaba en su relación con Dios. Es bien sabido que el pecado nos impide obtener las bendiciones de Dios. Para deslastrarse de eso, los israelitas lloraron ante el Señor hasta tarde en la noche. No olvidemos que la palabra *buscar* requiere arrepentimiento y humillación, como antesala para elevar peticiones y solicitudes a Dios en oración.

No permitamos que el orgullo se interponga en nuestro camino durante nuestra búsqueda de Dios.

Los israelitas lloraron ante el Señor. Reconocer y abandonar los pecados son acciones a las que comúnmente conlleva el arrepentimiento. El pueblo quería conocer los pensamientos y la voluntad de Dios en cuanto a este asunto. No podían permitir que cosa alguna obstaculizara su búsqueda de Dios. Ni la arrogancia ni el pecado debían interferir su búsqueda espiritual concerniente a la voluntad de Dios.

Para el pueblo hebreo, llorar significaba "arrepentirse, lamentarse, llorar con en voz alta". Aunque las lágrimas se asocian con los ojos, el llanto involucra la voz. Ellos lloraron en voz alta ante el Señor, y no permitieron que el orgullo se interpusiera en el camino durante su búsqueda de Dios. No en ese momento. Necesitaban conocer los pensamientos y la voluntad de Dios. La resistencia que encontraron por la pérdida de veintidós mil hombres, les demostró que se estaban enfrentando contra fuerzas espirituales de oscuridad y no solo contra los hábiles combatientes benjamitas. Para abrirse paso a través de esa barrera oscura y encontrar la voluntad y las bendiciones de Dios, tuvieron que aumentar su armamento espiritual al modo: "búsqueda de Dios".

Después de autoanalizarse, arrepentirse y humillarse ante el Señor, Dios les habló de nuevo. Su voz fue clara, al igual que la primera vez: "Suban contra los benjamitas". Esta vez los de Benjamín dieron muerte a dieciocho mil israelitas (Jue. 20:25). ¿Qué pasó aquí? ¿Cómo pudieron perder otra vez? Es importante que nos enfoquemos en el tema principal cuando emprendemos la guerra espiritual. El tema principal es la voluntad de Dios. Dios claramente estaba de acuerdo en que los hijos de Benjamín tenían que ser castigados por su crimen contra la esposa del levita. La violación y el asesinato no podían quedar impunes. El hecho de que los benjamitas estuvieran albergando criminales sugiere que sus mentes, sus corazones y su cosmovisión se oponían totalmente a las del Reino de Dios. Esta oposición era una prueba de que habían cometido más que un crimen. La guerra espiritual también estaba siendo librada en medio de esa situación, cegando la claridad moral en las mentes de los benjamitas.

El triple principio que Jesús enseñó implica que debemos pedir, buscar y llamar. La fase final, llamar, proporcionó la respuesta al dilema de los israelitas.

Llamemos y la puerta se abrirá

Nuestra iglesia planificó durante más de un año un viaje médico misionero a Guatemala. Esperábamos enviar unos cincuenta médicos para proveer tratamiento a los más necesitados, en una de las comunidades más pobres de ese país. Logramos trabajar conjuntamente con algunos hospitales y compañías farmacéuticas de nuestra región, para asegurar medicinas y equipos médicos gratuitos. Enviamos todo a Guatemala en un enorme contenedor de carga. Los suministros llegaron bien, y estaba programado que el equipo volara desde Nueva Jersey en un par de semanas.

La victoria debe ser asegurada en la habitación donde oramos antes de experimentarla en el campo de batalla.

Días antes de comenzar la obra en ese país, nos enteramos de que los funcionarios de la aduana guatemalteca no iban a liberar nuestro contenedor con los insumos médicos. Intentamos hacerles entender la necesidad que teníamos de los productos que resguardaba el contenedor y la brevedad de nuestro viaje. Pero ellos no cambiaban de opinión. Así que no quedó más remedio que acudir a Dios. Nuestro equipo en Nueva Jersey clamó para que Dios proveyera un contacto. Después de una hora, más o menos, uno de los miembros del equipo recordó que conocía a un empresario guatemalteco desde hacía un tiempo. Vivía en Guatemala, pero visitaba Estados Unidos al menos una vez al mes por razones de negocios. Nos pusimos en contacto con él, y comprendió nuestra situación. Señaló: "A pesar de que no soy cristiano, reconozco que ustedes están haciendo cosas buenas por mi país. Conozco a la esposa de un alto funcionario del gobierno, ella es cristiana como ustedes. La llamaré".

El domingo en la noche, el día antes del comienzo de nuestra obra, se realizó la llamada a la aduana. Basta decir que apenas el oficial de la aduana colgó el teléfono, nuestro contenedor estaba liberado. ¡La oración funciona! Puede que no sepamos qué hacer ante las circunstancias difíciles. Es posible que ni siquiera sepamos con quien hablar, pero Dios es capaz de hacer cosas increíbles cuando llevamos los problemas delante de Él en oración. Él conoce a todo el mundo, en todas partes, y no tiene ningún problema en proveer los contactos necesarios. Si no lo hubiéramos llamado en oración, unas ciento dieciocho personas no habrían recibido atención a sus necesidades médicas durante esa jornada de diez días.

Nosotros lloramos en respuesta a la pérdida y al luto. Los israelitas se afligieron por su alienación espiritual de Dios.

Los israelitas volvieron a cobrar ánimo en su búsqueda de la justicia y la voluntad divinas. Una vez más, mantuvieron el asunto *primeramente* en el nivel espiritual, antes de considerarlo un asunto criminal o militar. Esto fue lo que hicieron:

> "Entonces los israelitas, con todo el pueblo, subieron a Betel, y allí se sentaron y lloraron en presencia del Señor. Ayunaron aquel día hasta el anochecer y presentaron al Señor holocaustos y sacrificios de comunión. Después consultaron al Señor, pues en aquel tiempo estaba allí el arca del pacto de Dios, y Finés, hijo de Eleazar y nieto de Aarón, ministraba delante de ella. Preguntaron: '¿Debemos subir y volver a luchar contra los de Benjamín, nuestros hermanos, o nos retiramos?'. El Señor respondió: 'Suban, porque mañana los entregaré en sus manos'".
>
> —Jueces 20:26–28

El hecho de que volvieron a Betel para buscar a Dios en oración, nos dice que ellos veían la crisis *primeramente* como un asunto propio de la guerra espiritual. La victoria debe ser asegurada en la habitación donde oramos antes de experimentarla en el campo de batalla. Muchas veces nos apresuramos para la batalla llamando a nuestro abogado, banquero u otro agente, en lugar de llevar el asunto *primero* a Dios en oración. Los guerreros de rodillas oran primero para conocer las ideas y las estrategias de Dios, antes de buscar soluciones terrenales para sus dificultades. Si esta no ha sido nuestra experiencia hasta ahora, es esencial que lo tengamos en cuenta en lo sucesivo. La aplicación de esta estrategia de batalla también reducirá las complicaciones y demoras. Si se requiere de servicios profesionales, Dios nos pondrá en contacto con el abogado, el contador, o la persona necesaria. La clave está en entender que *primeramente* se debe llevar el asunto al Señor en oración.

El principio de llamar incluye la forma de oración intensa más elevada. Los israelitas se sentaron a llorar. Ayunaron desde la mañana hasta la noche y luego presentaron holocaustos y ofrendas de paz al Señor. Cada acción demostraba la minuciosidad con que se comprometieron a examinar sus corazones en la búsqueda de pecados o cualquier otro obstáculo espiritual que les impidiera obtener las bendiciones de Dios. Cada acción reflejaba fe y tenacidad en su búsqueda de la voluntad de Dios.

Solemos llorar en respuesta a la pérdida y el duelo. Los israelitas se afligieron por su separación espiritual de Dios y la de su hermano Benjamín. El hecho de que la esposa de un levita, un líder religioso, fuese brutalmente violada y asesinada por sus propios compatriotas, era inconcebible. El crimen evidenciaba no solamente la maldad del corazón de los hombres de Guibeá, sino también la apostasía de la nación. Estaban viviendo separados de las leyes de Dios, aquellas que fueron codificadas por Moisés para guiar a la nación en el camino de la integridad moral. Su lamentable deserción de las reglas y el gobierno divinos los llevó a cometer ese pecado atroz.

El llanto y el ayuno de los israelitas reflejaban el rechazo que sentían hacia el estado espiritual de la nación, y su necesidad de volverse completamente a Dios. El ayuno es una herramienta espiritual diseñada por Dios para limpiar nuestro ojo interior, el ojo de nuestra alma que nos ayuda a ver claramente a Dios. Pablo realizó un ayuno de tres días inmediatamente después de la visión de Cristo que lo cegó en el camino a Damasco (Hch. 9:9). Su decisión de suspender la ingesta de comida y bebida durante tres días, tuvo por finalidad encauzar sus intenciones y su visión del mundo por el camino correcto. Él había vivido toda su vida bajo un conjunto de normas e ideologías equivocadas. Por lo tanto, ayunó por la pureza de Dios. Con el ayuno pretendía purificar su discernimiento y su perspectiva espiritual para escuchar con precisión a Dios. Y funcionó. Dios escuchó sus oraciones, le restauró la visión, y lo más importante, enderezó su teología y su cosmovisión. Jesús era ahora el Señor de su vida.

De manera similar, los israelitas necesitaban que su visión de los benjamitas y del mundo en general se alineara completamente con la visión de Dios. Ellos examinaron sus corazones mientras ayunaban. Y se arrepintieron de todo lo que encontraron allí que era contrario a la justicia y la santidad. Incluso, ofrecieron sacrificios y ofrendas de paz, como símbolo de sumisión y alabanza a Dios. Este episodio nos enseña que, llamar, demanda un escudriñamiento intenso del corazón, para garantizar que los pecados y la ceguera espiritual sean eliminados, de manera que la voluntad de Dios para nuestra vida no sea obstaculizada en modo alguno. Esta introspección no puede ser mecánica; debe provenir de un corazón contrito y sincero. Un corazón pecaminoso ofrece obstáculos para la provisión de Dios. Un corazón limpio es un camino despejado y dispuesto para recibir las bendiciones de Dios.

El ayuno es una herramienta espiritual diseñada por Dios para limpiar nuestro ojo interior, el ojo de nuestra alma, que nos ayuda a ver claramente a Dios.

A menos que estemos realmente desesperados por recuperar nuestra vida en todas sus facetas, eso no va a suceder. María y Georgios emigraron de Grecia hace unos veinte años. Se enamoraron allá y se casaron por las leyes civiles en Atenas. Unos veinticuatro años y tres hijos más tarde, su matrimonio estaba al borde del precipicio por varias razones. Ambos estaban incurriendo en infidelidades y Georgios tenía un hijo fuera del matrimonio. En vano habían ido a tres o cuatro consejeros cristianos. Su matrimonio iba rumbo al divorcio. Ellos comenzaron a asistir a una de nuestras congregaciones y programaron una sesión de consejería con el pastor como un último recurso. A pesar de todos los problemas que enfrentaba su relación, se amaban profundamente.

A este pastor le apasionaba ayudar a parejas con problemas a encontrar una perspectiva completa de su vida juntos. Sabiamente completó un genograma con ellos. Este instrumento permite proporcionar respuestas a preguntas sobre las elecciones morales, y los patrones de pecado y sus resultados en los antepasados. María y Georgios quedaron sorprendidos al descubrir cuántos miembros de la familia habían atravesado por problemas de adulterio, tuvieron hijos extramatrimoniales, habían sido víctimas de violencia doméstica, o sufrido por el abuso del alcohol. Y esos eran también sus pecados. El patrón era notable. Reconocieron que habían sido presa de los mismos pecados de sus antepasados. De hecho, al poco tiempo también descubrieron que su hija mayor sostenía un romance con un hombre casado. La noticia indicaba que el patrón de los pecados familiares se estaba ahora arraigando en la vida de sus hijos.

El pastor Fred programó una estrategia de oración y ayuno por ellos; y en unos pocos meses, su matrimonio comenzó a sanar. La confianza comenzó a retornar. Su hija terminó la relación con el hombre. De hecho, la estrategia de oración se convirtió en un encuentro con la verdad que provocó un despertar de la familia a la realidad de su situación, de manera que cada miembro aceptara el cambio. Para celebrar su nueva oportunidad de vida y la reivindicación de su familia, María y Georgios renovaron sus votos matrimoniales con una gran celebración. Luego disfrutaron de una maravillosa luna de miel, algo que nunca tuvieron de recién casados. Cuando nos sentimos desesperados deseando la restauración de nuestras vidas, la oración y el ayuno se convierten en herramientas de un valor incalculable.

Hay muchos tipos de ayuno. Pablo realizó un ayuno absoluto, que no suele durar más de tres días e implica la abstinencia total de agua, jugo o alimentos. Los israelitas, en cambio, realizaron un ayuno parcial. Optaron por no comer desde la mañana hasta la noche. Si estudiamos el registro de la palabra *ayuno* en la Biblia, encontraremos una gran cantidad de lineamientos prácticos sobre cuál ayuno elegir en función de lo que se desea lograr. Más importante que el tipo de ayuno elegido, es la calidad del ayuno en el que nos comprometemos. Cuando ayunemos, asegurémonos de identificar la meta deseada y utilicemos el tiempo de nuestras comidas habituales como momentos de oración. Nuestro tiempo de oración nos alimentará de una manera diferente, ya que nuestra hambre de alimentos es reemplazada por el hambre de Dios.

Jesús prometió que cuando llamemos, la puerta se abrirá. Esta promesa demostró su exactitud ese día con los israelitas. Después de que llamaron con fe, llorando introspectivamente, practicando el arrepentimiento y ofreciendo sacrificios a Dios, preguntaron en oración: "¿Debemos subir y volver a luchar contra los de Benjamín, nuestros hermanos, o nos retiramos?". En ese momento sus corazones estaban muy dóciles, y lo único que querían hacer era agradar a Dios. Si Dios hubiera dicho: "Dejen en paz a los violadores y asesinos de Guibeá", los líderes se habrían ido a casa en paz, sabiendo que obedecieron a Dios. Cuando utilicemos la técnica de llamar, nuestro corazón debe ser tan dócil en las manos de Dios que no sintamos deseos de objetar absolutamente nada. Ganar significa ahora, para nosotros, agradar a Dios. Si ese no es el caso, tendremos que volver al principio y reaprender las técnicas de guerra de pedir, buscar y llamar, a fin de alcanzar ese nivel de paz con el Señor.

Afortunadamente, en este asunto, Dios quería hacer justicia contra los benjamitas. Ganar la batalla espiritual significaba castigar a los hombres de Guibeá y a aquellos de la tribu de Benjamín que se atrevieron a esconder y defender a esos asesinos.

Luego de que los israelitas llamaron, el Señor les abrió la puerta. Las palabras exactas fueron: "Suban, porque mañana los entregaré en sus manos" (Jue. 20:28). La victoria estaba asegurada. Al día siguiente, los israelitas hirieron a veinticinco mil cien benjamitas. Se hizo justicia. Tanto la batalla espiritual como la física fueron libradas exitosamente. El nombre del Señor fue reivindicado. El levita recibió justicia por su esposa asesinada, y la nación se volvió a Dios al restaurarse su brújula moral.

La guerra espiritual es un arte. Debemos saber cómo aproximarnos a Dios y permanecer en su presencia, hasta que recibamos las estrategias necesarias para asegurar nuestras bendiciones. Tal como Jesús enseñó, podemos hacernos expertos en la triple técnica de combate espiritual: pidamos, y recibiremos; busquemos, y hallaremos; llamemos, y la puerta se abrirá. Si pedimos y no recibimos, no nos preocupemos. Pasemos al siguiente nivel del combate espiritual, porque seguramente la oposición del enemigo exige un mayor esfuerzo de nuestra parte. Si buscamos y no encontramos, no nos pongamos nerviosos. Aumentemos el calor espiritual contra nuestro astuto adversario, llevando la guerra al más alto nivel de intensidad. Llamemos, y esta arma no podrá fallar. La puerta se abrirá para nosotros.

Identifiquemos dónde pudimos fallar en nuestra última confrontación con el enemigo. Tal vez renunciamos al combate al experimentar resistencia, a pesar de haber pedido las bendiciones de Dios. Armémonos con la verdad de las Escrituras y llevemos la guerra espiritual a una nueva dimensión en la lucha por las promesas de Dios. Por ellas vale la pena cada segundo de cada lucha que debamos enfrentar. ¡Somos guerreros! ¡Luchemos por el propósito de Dios para nuestra vida y para esta generación!

PARTE TRES

INVOLUCRÉMONOS EN LA LUCHA

Capítulo 7

LA COMPENETRACIÓN DE LOS GUERREROS

Un SEAL de la Marina nunca abandona a otro SEAL en una misión. Incluso, si un SEAL fallece en territorio enemigo, sus hermanos SEAL llevarán el cuerpo a casa. El trabajo en equipo es más que un principio de liderazgo para los SEAL. Es una regla no negociable. Para recalcar la importancia del trabajo en equipo, los SEAL son entrenados a través de simulacros de operaciones que no se pueden realizar de forma individual. Se requiere un equipo SEAL para ejecutar sus funciones, bajo el supuesto de que todos los miembros han tenido la misma formación rigurosa y han desarrollado habilidades similares.

El trabajo de los militares es sumamente importante, pero su alcance se limita a cuestiones terrenales. El trabajo de los guerreros de rodillas tiene un impacto eterno. Aunque las consecuencias eternas del trabajo de un guerrero de rodillas exceden a las de un SEAL, debemos asimilar de estos el principio esencial del trabajo en equipo. Sin embargo, en realidad, no fueron los SEAL quienes inventaron ese concepto. El trabajo en equipo está enfatizado a lo largo de toda la Biblia, aunque a veces menospreciamos su importancia. Hace miles de años Salomón escribió:

> "Más valen dos que uno, porque obtienen más fruto de su esfuerzo. Si caen, el uno levanta al otro. ¡Ay del que cae y no tiene quien lo levante! Si dos se acuestan juntos, entrarán en calor; uno solo ¿cómo va a calentarse? Uno solo puede ser vencido, pero dos pueden resistir. ¡La cuerda de tres hilos no se rompe fácilmente!".
>
> —ECLESIASTÉS 4:9–12

El beneficio de la oración colectiva o en grupo es que la petición es examinada cuidadosamente para garantizar que se ajusta a la voluntad de Dios.

Las Escrituras presentan el incuestionable beneficio del trabajo en equipo. No hay duda de que dos son mejor que uno, especialmente cuando se requiere enfrentar dificultades o trabajo arduo. El desafío estriba en la forma de ejecutar el trabajo en equipo.

En los SEAL de la marina el trabajo en equipo se desarrolla cuando los miembros son sometidos a rigurosos ejercicios de entrenamiento. Pienso que este es un punto clave para entender el poder de la oración en grupo. Este tipo de oración a menudo se conoce como *oración en común acuerdo.* Esta frase es tomada de la enseñanza de Jesús, "Además les digo que si dos de ustedes en la tierra se ponen de acuerdo sobre cualquier cosa que pidan, les será concedida por mi Padre que está en el cielo. Porque donde dos o tres se reúnen en mi nombre, allí estoy yo en medio de ellos" (Mt. 18:19–20). El beneficio de la oración colectiva o en grupo es que la petición es examinada cuidadosamente para garantizar que se ajusta a la voluntad de Dios. Solo la voluntad revelada de Dios puede hacer surgir una súplica apasionada en un grupo de guerreros.

Los que pertenecen al grupo de guerreros deben también compartir la necesidad de la oración. En otras palabras, todos deben tener en común tanto la necesidad como la recompensa que se espera como respuesta a la oración. El grupo es una garantía de que la necesidad es genuina y real. El grupo puede también invertir su fe y su poder en la petición, porque la recompensa es de suma importancia para todos. Jesús concluyó su enseñanza diciendo que la respuesta de Dios está asegurada cuando dos creyentes están de acuerdo en los motivos de la oración. Los guerreros de rodillas pueden liberar un poder sorprendente cuando están compenetrados en grupo.

Una de las primeras evidencias del poder de la oración de común acuerdo la experimenté cuando la Christ Church tenía poco menos de cincuenta miembros, y contaba solo con un puñado de hombres. No tengo nada en contra de las mujeres, pero no quería pastorear una congregación integrada por un setenta y cinco por ciento de puras mujeres. La proporción de hombres y mujeres no reflejaba la composición de la sociedad en general, y todos estábamos de acuerdo en que esa no debería ser la situación en la casa de Dios. No obstante, todos mis esfuerzos por lograr que la iglesia alcanzara hombres, fueron en vano. Finalmente, decidí convertir esa preocupación en un motivo de oración. Pero en lugar de hacerle frente solo, le pedí a la congregación que me acompañara un sábado en la mañana, con el único propósito de orar para que más hombres se unieran a nuestro incipiente grupo. Para mi sorpresa, casi todos los miembros, si no todos, se mostraron dispuestos a hacer uso de la oración de común acuerdo.

Comenzamos a las nueve de la mañana y basamos nuestra petición en una porción de la Escritura que se adaptaba a nuestras necesidades. La oración de común acuerdo es como martillar un enorme bloque. Se debe insistir en el asunto una y otra vez, desde distintos lados y ángulos, hasta que el bloque comienza a agrietarse. Oramos para que el poder del Espíritu Santo convenciera a nuestros hermanos, tíos, hijos, padres, y a cada hombre en nuestra esfera de influencia. Conscientes de que el ochenta y seis por ciento de las personas se une a las iglesias gracias a la influencia de sus familiares y amigos, oramos con esa información en mente.[1] El tiempo transcurría lentamente, mientras seguíamos luchando por ese problema en oración.

Periódicamente cantábamos para mantener nuestro enfoque intacto y nuestra fe engranada. Leímos textos bíblicos que registran la promesa divina de salvación para nuestros seres queridos. Esas actividades avivaron el lento fuego espiritual que nos impulsaría hasta la victoria. A medida que presionábamos a Dios, algunos comenzamos a caminar de un lado a otro, como lo hizo

Eliseo cuando oró para que el hijo muerto de la mujer sunamita fuera restaurado a la vida (2 R. 4:32–35). Este movimiento creó un enfoque nítido y un ritmo que nos hizo sentir como que estábamos tratando de quebrar algo que se estaba resistiendo a la voluntad de Dios. Continuamos hasta cerca del mediodía, cuando el fuego de la oración ya ardía.

Todos sentimos como si algo se rompió en el reino espiritual. Cualquiera que fuera la fuerza demoníaca que estaba obstaculizando el ingreso de hombres a nuestra congregación, se rompió ese día. No había nada sagrado o mágico en el hecho de que ocurriera en horas del mediodía. Simplemente ocurrió justo en el momento en que la fuerza espiritual que se oponía al deseo de Dios de que los hombres se unieran a la Iglesia de Cristo, fue destronada. Nuestra oración de común acuerdo fue en realidad un acto de guerra.

La fe implica la fuerza de la demostración o la prueba de la existencia de algo en una determinada situación.

Al día siguiente, varios hombres nuevos asistieron al servicio y entregaron voluntariamente su corazón al Señor cuando se les hizo la invitación. De hecho, muchos de esos hombres aún están con nosotros, casi veintidós años después. A partir de ese domingo y desde entonces, varios miles de hombres han considerado a la Christ Church como su hogar. Cuando las personas que visitan nuestra iglesia mencionan el elevado porcentaje de hombres, sonrío, porque recuerdo el día en que una diminuta congregación conoció el poder que se encuentra en la oración de común acuerdo. Fue necesario el esfuerzo de un equipo de guerreros de rodillas, agrupado en oración, para asegurar el título de propiedad de nuestra petición.

Aseguremos el título de propiedad

La oración de común acuerdo no consiste simplemente en conseguir a un par de individuos que oren con nosotros sobre una necesidad apremiante. Se requiere fe para asegurar las cosas que se le piden a Dios. En el primer versículo del capítulo 11 de Hebreos se nos dice: "Ahora bien, la fe es la garantía de lo que se espera, la certeza de lo que no se ve". Fe es tener completa seguridad de algo en el corazón. Sin embargo, cuando analizamos el papel de la fe en la oración de común acuerdo, encontramos que la necesidad de desarrollar una confianza santa —o la completa seguridad de que Dios está dispuesto a conceder nuestra petición—, debe ocurrir primero en la oración.

La frase *título de propiedad*, figura entre los significados de la palabra "certeza", que se encuentra en el versículo 1 del capítulo 11 de Hebreos. Corresponde a la palabra griega *elegchos*, que también significa prueba, evidencia y garantía. Según el *eminente* erudito griego Marvin R. Vincent, la palabra *elegchos* "añade a la simple idea de garantía, la sugestión de influencias que operan para producir convicción, lo cual implica la fuerza de la demostración. La palabra suele utilizarse para indicar un proceso de prueba o demostración".[2] Aplicando este significado al ámbito de la fe, entendemos que la fe implica la fuerza de la demostración o la prueba de la existencia de algo en una determinada situación.

El *título de propiedad* es la prueba legal de que se posee una propiedad. El escritor quiere hacernos ver que, cuando obra la fe genuina, esta asegura un título de propiedad, de tal forma que lo que se está solicitando en oración de seguro se obtendrá.

El lugar del acuerdo es el lugar donde la voluntad de Dios constituye lo más importante.

En el terreno de la oración, llegará un momento durante la intercesión en el que tendremos la certeza de que Dios ha otorgado lo que le estamos pidiendo. Esa experiencia, que es muy subjetiva y difícil de describir, equivale a recibir el título de propiedad o la prueba de que Dios ya hizo lo que le solicitó. Ya no tendremos que invertir más esfuerzo de oración en ese asunto. Ya la petición fue concedida. Aunque no podamos ver la manifestación de inmediato, habremos recibido el título de propiedad en ese momento en oración.

Cuando nuestra pequeña congregación oró por más hombres, recibió el título de propiedad alrededor del mediodía de ese sábado, cuando el fuego de la oración alcanzó su máximo ardor. La sensación que experimentamos de liberación o ruptura de algo en el plano espiritual, es solo otra forma de decir que recibimos el título de propiedad. Si estamos orando solos o con un equipo, el objetivo debe ser usar la fe para obtener el título de propiedad de aquello por lo que se está orando.

El lugar del acuerdo

Cuando un equipo de guerreros de rodillas se reúne para orar, algo muy poderoso sucede desde el momento en que se instalan en el lugar del acuerdo. Su ingreso allí resulta evidente. Jesús dijo: "Porque donde *dos o tres* se reúnen en mi nombre, allí estoy yo en medio de ellos" (Mt. 18:20, itálicas añadidas). El lugar del acuerdo es el lugar donde la voluntad de Dios constituye lo más importante. Cada miembro del grupo de oración desea que se haga la voluntad de Dios por encima de su propia ambición u objetivo personal. No se trata de un lugar físico. Es una resolución espiritual caracterizada por la abnegación, donde los participantes exaltan en forma unánime el gusto y las preferencias por las cosas de Dios.

El lugar del acuerdo se entiende mejor en la experiencia de Pablo. Él aceptó la respuesta de Dios a su oración, aun cuando no era lo que deseaba oír. Después de haber orado tres veces para que la espina que lo atormentaba fuera retirada de su cuerpo, el Señor le dijo: "Te basta con mi gracia, pues mi poder se perfecciona en la debilidad. Por lo tanto, gustosamente haré más bien alarde de mis debilidades, para que permanezca sobre mí el poder de Cristo" (2 Co. 12:9). En el momento en que Pablo aceptó la voluntad de Dios, a pesar de que era contraria a la suya propia, entró en el lugar del acuerdo. El poder de Dios descansaba sobre él. ¡El lugar del acuerdo es el lugar del poder!

Cuando un grupo de guerreros está compenetrado en oración, todos sus integrantes ingresan al lugar del acuerdo, pues se someten totalmente a la voluntad de Dios. En ese momento, se cumple la promesa de Jesús cuando dijo: "Allí estoy yo en medio de ellos". Es como si Jesús se uniera al equipo de oración, cuando todos se entregan sin reservas a la voluntad de Dios. Las voces provenientes de ese lugar de acuerdo son fácilmente escuchadas y respondidas por Dios, porque Él sabe que los guerreros están dispuestos a hacer cualquier cosa: ir donde Él les ordene ir, o hacer lo que Él les ordene hacer. En sus corazones no hay resistencia a la voluntad de Dios, a pesar de cualquier ajuste que el guerrero necesite hacer para cumplir adecuadamente las órdenes del Maestro. Y debido a que los guerreros se encuentran totalmente sometidos a Dios, Él se complace en responder rápidamente sus peticiones.

A nivel práctico, cuando se reúne un equipo de guerreros de rodillas, una serie de elementos deben estar presentes y en orden para que logren entrar en el lugar del acuerdo. Vamos a explorarlos, para comenzar a disfrutar rápidamente de los beneficios de orar en grupo o con un compañero de oración. Cada elemento relacionado a la práctica de la oración de común acuerdo es tomado directamente de las palabras de Jesús:

> "Además les digo que si dos de ustedes en la tierra se ponen de acuerdo sobre cualquier cosa que pidan, les será concedida por mi Padre que está en el cielo. Porque donde dos o tres se reúnen en mi nombre, allí estoy yo en medio de ellos".
>
> —Mateo 18:19–20

Sentirse cómodo en el grupo de oración

Orar con alguien es un asunto particularmente privado y espiritual. Para poder abrir nuestro corazón y permitir que una petición personal sea del conocimiento de otras personas, debemos sentirnos cómodos con ellas. Eso no quiere decir que deben ser grandes amigos o tener una relación de larga duración. Quiere decir que en el grupo no deben existir motivos o intereses ocultos, sino solo la voluntad sincera de ayudarnos a llevar nuestras preocupaciones ante el Dios amante. Puesto que el objetivo es lograr la oración de común acuerdo, que suele ir más allá de las necesidades de una sola persona, cada miembro debe sentirse cómodo con los otros o, al menos, con el líder del grupo. Esto es esencial para garantizar que la respuesta que se busca sea verdaderamente la voluntad de Dios.

Sin ese nivel de comodidad, orar juntos resulta inútil y carente de poder.

Yo soy miembro de un grupo de oración que se reúne una vez al mes, conformado por pastores y otros líderes cristianos. El único objetivo del grupo es orar para que se produzca un avivamiento en la región de Nueva Jersey. A pesar de que el tema es un deseo compartido por todos los asistentes, no experimentamos eficacia en la oración hasta que comenzamos a tener momentos de comunión los unos con los otros. Luego de que los miembros comenzamos a sentirnos cómodos entre nosotros, participar en la oración de común acuerdo resultó fácil.

Dios creó a los seres humanos con la necesidad de experimentar un sentido de pertenencia. Necesitamos sentir que aquellos con quienes estamos se preocupan genuinamente por nosotros, nos respetan y quieren lo mejor para nuestra vida.

Sin ese nivel de comodidad, orar en grupo resulta inútil y carente de poder. Cuando en mi grupo de oración mensual comenzamos a aprendernos los nombres de los otros líderes, las iglesias que representaban, y a intercambiar información sobre nuestras familias, rápidamente lográbamos entrar al lugar del acuerdo cada vez que nos reuníamos para orar.

Si ya conocemos a las personas con quienes estamos planeando orar, será mucho más fácil que el grupo ingrese al lugar del acuerdo.

Comuniquemos nuestra necesidad

Un beneficio claro de la oración de común acuerdo, es que contamos con un bando de guerra aliado en la oración. Pero se requiere que las necesidades de oración sean comunicadas al grupo en forma clara. Esto implica cierta vulnerabilidad de nuestra parte. Debemos poder admitir cuando algo nos está molestando o cuando algo anda mal en nuestra vida. Yo personalmente, he tenido que solicitarle humildemente a mi compañero de oración en algunas ocasiones que me apoye para pedirle ayuda a Dios ante algún dilema que uno de mis hijos está enfrentando. En otras oportunidades, mi necesidad de sabiduría para manejar algún problema con uno de mis líderes fue el objeto de nuestro tiempo de oración. Recuerdo haber pedido oración para soportar las críticas de los medios de comunicación sobre los planes de desarrollo para nuestra iglesia. Al principio este nivel de vulnerabilidad era incómodo para mí, pero lo superé gracias a que mi compañero de oración facilitó que abriera mi corazón.

Nadie pide oración cuando las cosas van bien. Generalmente solicitamos la ayuda de Dios cuando enfrentamos situaciones de crisis, tribulaciones que nos agotan emocionalmente, o incidentes dolorosos. Cuando a uno de nuestros líderes le diagnosticaron cáncer, formamos un equipo de oración para orar por la curación de este apreciado hermano. Acordamos orar con regularidad por su recuperación, el fortalecimiento de su familia y el mantenimiento de su fe en Dios durante esta dura prueba. Nosotros no habríamos sido capaces de entrar en la oración de común acuerdo si este hermano no hubiera comunicado claramente su necesidad. Al momento de escribir estas páginas, su salud no ha sido restaurada totalmente, por lo que continuamos aferrados a la oración.

La oración no es una varita mágica que agitamos sobre las circunstancias dolorosas para que al instante todo se vuelva maravilloso.

La oración de consenso no es una petición de oración sobrentendida. Cuando un equipo de guerreros de rodillas se reúne para luchar contra las fuerzas de la oscuridad, es necesario que se le confíe una orden específica. Deben presentar un problema determinado delante del Señor, lo cual requiere que la necesidad sea comunicada claramente.

Concuerden en el significado de estar de acuerdo

Así como los SEAL de la marina deben vivir bajo el principio del trabajo en equipo, los guerreros de rodillas debemos vivir bajo el principio del común acuerdo. Nuestro poder radica en nuestra capacidad para vivir y actuar en concordancia los unos con los otros. Jesús enseñó que el Padre contesta las oraciones de aquellos que se ponen de acuerdo. La palabra griega que denota el acto de estar de acuerdo, se traduce como *sinfonía*. Esta palabra describe el sonido de música que se toca en conjunto. Las notas no crean discordia entre sí, sino que se complementan para producir una hermosa resonancia o armonía.

Tampoco quiero representar mal la oración. Algunas historias no tienen un final feliz, pero aun así ofrecen lecciones valiosas. Tal es el caso de Debbie y John. Esta pareja tenía dieciocho años de matrimonio. Ellos vinieron a verme después de varios años de dificultades. Su relación se había vuelto tan tensa que ni siquiera podían tener una conversación tranquila. *Desprecio* es la mejor palabra que puedo usar para describir lo que sentía el uno por el otro. Después de escucharlos y hacerles ver la necesidad de que se pusieran de acuerdo, ambos se enfurecieron. Ninguno de los dos quería cargar con la responsabilidad de estar de acuerdo con el otro. Al parecer, sentían que no valía la pena luchar por su matrimonio.

La oración no es una varita mágica que agitamos sobre las circunstancias dolorosas, para que al instante todo se vuelva maravilloso. La oración puede facilitar que los milagros ocurran; incluso en el ámbito de las relaciones personales; pero el factor humano juega un papel crucial. Las partes, o al menos una de ellas, deben querer estar de acuerdo con Dios. Estar de acuerdo con el Señor, y luego el uno con el otro, es la base fundamental para que las oraciones sean contestadas. Debbie y John finalmente se divorciaron.

Pero así como existen indicadores positivos que indican que el acuerdo ha sido alcanzado, también hay restricciones importantes para asegurar un acuerdo. En primer lugar, la petición que se eleva debe honrar a Cristo. Cualquier cosa que se busque debe ser bueno y razonable para Aquél a quien se está realizando la petición. Las oraciones de común acuerdo deben tomar en cuenta la importancia de preservar la voluntad de Dios y estar en armonía con las enseñanzas de las Escrituras. Si no podemos imaginar a Jesús diciendo Amén, que significa "así sea", al final de la oración, esa oración no es digna de ser pronunciada ni pública ni privadamente. Es una oración que carece de los elementos que constituyen un acuerdo.

El lugar del acuerdo ha de ser un lugar en el que Jesús se sentiría cómodo invitándolo a usted a orar por un asunto determinado.

La mejor manera de saber si una petición pasa la prueba del acuerdo, es preguntándonos si Jesús se sentiría cómodo en casa en ese grupo de oración. Es decir, si Él sentiría un apasionamiento similar al nuestro por el asunto que nos inquieta. Si Jesús no podría respaldar nuestra solicitud con tanto celo como si se tratara de su propia necesidad, el asunto no debería ser considerado digno de que los demás lo presenten delante Dios.

El lugar del acuerdo ha de ser un lugar en el que Jesús se sentiría cómodo invitándolo a usted a orar por un asunto determinado. Esto fue precisamente lo que Él hizo en el huerto de Getsemaní. Jesús invitó a Pedro, Santiago y Juan para que oraran con él en relación con su inminente crucifixión. Esta es la mejor ilustración que podemos tener de la oración de común acuerdo. Los tres hombres aceptaron voluntariamente interceder por Jesús en su hora de necesidad. El relato continúa diciendo que los apóstoles se durmieron y Jesús terminó orando solo. Pero apartando esa triste realidad, el episodio ilustra bien cómo debe ser la oración de común acuerdo.

La alegría por la oración contestada

La recompensa de caminar, vivir y orar en común acuerdo con otros es oraciones contestadas. Cuando eso ocurre, los guerreros de rodillas se sienten felices, y al mismo tiempo Dios se complace en recompensarlos. Nuestro Padre celestial nos quiere complacer, y hemos descubierto que nosotros lo complacemos a él cada vez que oramos en acuerdo con otros. Este círculo de alegría se perpetúa mientras continuamos viviendo en comunidad, en torno al principio del acuerdo.

La alegría de la oración contestada nos lleva a seguir orando de manera conjunta. Si aún no conocemos o reconocemos los cuatro beneficios impresionantes de la oración, busquemos un grupo fuerte de oración que mantenga los planes de Jesús para esta generación. Una vez que lo encontremos, unámonos a él sin vacilar. La iglesia primitiva entendió el principio y la práctica de la oración en grupo. Sus miembros se sentían a gusto con la oración en grupo, se comunicaban libremente las necesidades individuales y grupales, y eso facilitaba el acuerdo. El resultado final era que sus peticiones eran escuchadas y respondidas por el Señor. Ellos mantuvieron alegremente esa práctica porque experimentaron su fuerza y su poder.

LA ASAMBLEA DE LOS GUERREROS

Pertenecer a una iglesia entraña un conjunto de beneficios. Podemos disfrutar de primera mano de la experiencia de formar parte de una comunidad. Dentro de la congregación, nuestra parte más profunda se conecta con la parte más profunda de los demás. El hecho de que nosotros y los demás miembros tengan una relación con Cristo, crea una conexión automática que en muchos casos llega a ser más sólida que la que se tiene con la familia biológica. Esta experiencia de comunidad permite también desarrollar un sentido de pertenencia. Nos sentimos como en casa en las relaciones que hemos entablado. Esta conexión interna despierta en nosotros emociones profundas. Nos sentimos estimulados a invertir nuestras energías, recursos y habilidades en la visión de la iglesia, porque queremos verla cumplir su vocación y propósito. Nos encanta ver la cara del pastor con una sonrisa de oreja a oreja por la satisfacción de cumplir con su llamado a través de esa iglesia. De la misma forma, si la iglesia sufre o el pastor atraviesa por una prueba difícil, nosotros también sufrimos e intercedemos en oración para que Dios dé la salida al problema.

Cuando se produce una crisis, no hay tiempo para aprender las lecciones sobre cómo librar una batalla de oración. Esto se debió aprender batallando con Dios en privado, como un guerrero de rodillas.

Ese tipo de sentimientos motivó a la iglesia en Jerusalén a reunir a los guerreros de rodillas durante un tiempo prolongado de intercesión. Hechos 12 comienza con el triste episodio de la muerte de Jacobo por la espada del rey Herodes. Este horrible acto agradó a los judíos. Y para ganarse aún más el favor de esa comunidad, Herodes arrestó a Pedro, con la intención de hacerle sufrir la misma suerte después de la Pascua. La iglesia automáticamente activó el modo de guerra, porque la Escritura dice: "Pero [...] la iglesia oraba constante y fervientemente a Dios por él" (v. 5).

En medio de una crisis no hay tiempo para aprender las lecciones sobre cómo librar una batalla de oración. Esto se debió aprender batallando con Dios en privado, como un guerrero de rodillas. De esta forma, cuando surge una crisis pública, cada intercesor ya tiene la experiencia suficiente para enfrentarla. La iglesia se convierte entonces en un batallón de guerreros de rodillas. Esto fue exactamente lo que sucedió en Jerusalén aquel día. La congregación activó el modo de crisis. Todos valoraban la importancia de Pedro para la salud espiritual, el propósito y la vitalidad de su congregación. Él era uno de los doce apóstoles originales. Él caminó con Jesús durante todo su ministerio terrenal. Él había conocido al Señor personalmente. Él fue ordenado para el ministerio por el mismo Cristo. Pedro podía transmitirle a la congregación muchas cosas que había presenciado y vivido, simplemente porque él era uno de los doce apóstoles originales. Perderlo habría resultado muy lamentable para el Cuerpo de Cristo, y especialmente para la iglesia en Jerusalén.

Tenía que emplearse la oración de consenso. En su libro *The Power of a City at Prayer* [El poder de una ciudad que ora], mi amigo, el Dr. Mac Pier, describe la mentalidad de los intercesores cuando se reúnen: "Ellos oran en desesperación y en unidad; en forma sostenida; y su oración es inspirada por el Espíritu".[3] Tal fue el caso de los miembros de la iglesia de Jerusalén. Las personas se reunieron en diferentes hogares para derramar sus corazones delante de Dios por la liberación de Pedro. Nadie se sentía incómodo con la idea de reunirse con el resto de los creyentes para orar. La necesidad era sencilla. Todos sabían cuál era. Pedro tenía que ser liberado por el Señor. Se necesitaba un milagro. Dios tenía que manifestarse poderosamente. Todos estaban totalmente de acuerdo con eso. La liberación de Pedro era el tema y la meta de la oración de todos. Algunas personas se reunieron en la casa de María, que era grande (Hch. 12:12).

Y mientras la iglesia estaba orando, Dios estaba trabajando en la celda de la prisión. Un ángel visitó a Pedro en su celda mientras dormía, atado con dos cadenas, resguardado por guardias que estaban de pie en sus puestos cerca de la celda. El ángel despertó a Pedro, liberó sus pies y sus manos de las cadenas y sigilosamente lo llevó fuera de la prisión. Mientras esto sucedía, Pedro pensaba que estaba soñando. Pero una vez fuera, se dio cuenta de que esa liberación sobrenatural realmente estaba sucediendo. Se fue a la casa de María y allí experimentó esta recepción:

> "Entre tanto, Pedro seguía llamando. Cuando abrieron la puerta y lo vieron, quedaron pasmados. Con la mano Pedro les hizo señas de que se callaran, y les contó cómo el Señor lo había sacado de la cárcel. 'Cuéntenle esto a Jacobo y a los hermanos', les dijo. Luego salió y se fue a otro lugar".
>
> —Hechos 12:16–17

Los guerreros de rodillas estaban en el lugar del acuerdo mientras clamaban por la liberación de Pedro. Sin embargo, se quedaron atónitos al verlo de pie en la casa de María. ¿Por qué? Muchas veces cuando oramos, ya sea en forma individual o en grupo, tenemos una idea en nuestra mente sobre cómo Dios va a responder a nuestras oraciones. Tal fue el caso de la iglesia primitiva. Buscaron a Dios con fe para que liberara a Pedro de la prisión, pero tenían sus propias ideas sobre la forma en que este sería liberado. Dejemos que Dios sea el que decida cómo quiere responder a nuestras oraciones. Nuestro trabajo es activarnos en oración con una fe inquebrantable en nuestro Padre celestial.

La alegría por la oración contestada ocasionó que las personas que estaban en la casa de María dejaran escapar gritos de alabanza y acción de gracias. Pedro tuvo que pedirles que se callaran porque todavía no era del conocimiento público su liberación sobrenatural de la mano de Herodes. Además, no quería que los soldados romanos descubrieran que había escapado, y mucho menos el lugar donde estaba. Después de calmar a sus intercesores, les contó su experiencia con el ángel del Señor. También les pidió que le dijeran a Jacobo, el líder principal de la iglesia en Jerusalén, y a los otros ancianos y apóstoles, que había sido liberado milagrosamente. Ellos querrían saber la buena nueva tan pronto como fuera posible.

Los beneficios de la oración privada son enormes, y debemos seguir fortaleciendo nuestra vida devocional privada, pero no podemos ignorar los beneficios asociados a la oración de común acuerdo, que solo se manifiestan en grupo.

Las Escrituras registran el proceder de Pedro después de comunicarse con este grupo de oración: "Luego salió y se fue a otro lugar". Fue a resguardarse en algún escondite subterráneo, para que los soldados romanos y el rey Herodes no estuvieran en capacidad de localizar su paradero. La mentalidad de Pedro era la de un guerrero. Sabía cuándo animar a la Iglesia, haciéndole saber que estaba a salvo. Pero también sabía cómo resguardarse, así que no tentó a Dios saliendo a caminar audazmente por los alrededores y declarando su liberación sobrenatural de la cárcel.

Creo que hoy Dios quiere hacer muchas cosas por nuestra iglesia, pero para ello se requieren guerreros de una militancia espiritual absoluta y audacia en la oración. Muchas veces esta clase de vigilancia intercesora requiere que nos pongamos de acuerdo con otra persona en oración. Los beneficios de la oración privada son enormes, y debemos seguir fortaleciendo nuestra vida devocional privada, pero no podemos ignorar los beneficios asociados a la oración de común acuerdo, que solo se manifiestan en grupo. Incluyamos en nuestra vida el valor de la oración en grupo, y estaremos siempre agradecidos por las recompensas que seguramente cosecharemos.

Recuerdo a una mujer afligida, que se acercó a pedirme que orara por su matrimonio fracasado. Había estado casada durante casi veinte años. Aunque su marido regresaba a casa todas las noches, se sentía cómodo manteniéndose emocionalmente distante. En la mente de la mujer el matrimonio era una farsa, pero no sabía qué hacer. Pasamos un tiempo orando juntos pidiéndole sabiduría a Dios. De acuerdo al marido, todo estaba bien, e insistía en que su esposa tenía una percepción equivocada sobre su matrimonio.

Mientras orábamos, se hizo evidente para mí que la vida del esposo guardaba algún oscuro secreto. Por alguna razón, el Espíritu Santo no nos revelaba el problema, ni a mí, ni a la esposa, a pesar de las oraciones de común acuerdo. Sin embargo, a medida que continuamos orando, a mi mente acudieron pensamientos sobre la necesidad de que ella contratara un investigador privado. Compartí esos pensamientos con ella y siguió mi consejo. Para su sorpresa, el investigador le dio una prueba innegable de que su marido tenía otra mujer y un hijo de cinco años en el otro extremo de la ciudad. Era como si estuviera viviendo una película. Nadie sabía de su doble vida, hasta que la oración de consenso reveló el curso de acción a tomar. Era obvio que a ella no le quedaba otro remedio que divorciarse de él.

Si estamos enfrentando una carga pesada o una dificultad intensa, no tratemos de levantarla o soportarla solos. Nuestra necesidad de alivio y descanso no es egoísta. El legendario autor e intercesor Andrew Murray escribió: "El deseo es el poder secreto que mueve el mundo de los hombres, y dirige el curso de cada uno. Así también, el deseo es el alma de la oración".[4] Permitamos que nuestro deseo de recibir ayuda de parte de Dios nos motive a formar un equipo de guerreros de rodillas que estén de acuerdo con nosotros en oración. Entonces, conoceremos por experiencia propia el poder de ser parte de un grupo de guerreros de rodillas.

Capítulo 8

¡ES HORA DE DESPLEGARSE!

UN AMIGO ME RELATÓ UN EPISODIO DE SU infancia que marcó su autoestima para siempre. Había sido humillado cuando era un niño de ocho años mientras caminaba de regreso a casa desde la escuela. El bravucón de la clase, incitado por los demás, le arrebató los anteojos de la cara. Temeroso de enfrentarlo, José regresó a su casa llorando. Su padre, un exsoldado de la Infantería de la Marina, le preguntó por qué estaba llorando. En lugar de brindarle el apoyo esperado y decirle: "Tranquilo hijo, todo va a estar bien", su padre le dijo: "¡Ve a recuperar tus cosas, y no regreses a casa hasta que tengas tus anteojos!". Luego llamó al hermano de José, de unos diez años, y le dijo: "Ve con José. Asegúrate de que recupere sus cosas, pero deja que él mismo resuelva el problema".

José le temía más a la reacción que tendría su padre

si no recuperaba sus anteojos, que al brabucón de la clase. Encontró al acosador alardeando de lo que había hecho. Cuando le pregunté a José lo que pasó, sonrió y dijo: "No fue agradable, ¡pero recuperé mis cosas!".

Esta lección de la infancia dejó una marca indeleble en José. Aprendió a no dejarse paralizar por el temor. Aprendió que hay momentos en los que se debe defender lo que es correcto y bueno, aunque sea necesario hacer algo contrario a nuestra naturaleza. Hoy José es cinturón negro en judo y no tiene problemas para recuperar sus cosas de quien sea. Con esto no estoy abogando por la violencia. Lo que quiero señalar es que si nunca desplegamos nuestras armas en la guerra espiritual, acabaremos convirtiéndonos en soldados desanimados, expertos en toda clase de simulacros y ejercicios de combate, pero que jamás hemos experimentado una guerra verdadera. En algún momento de nuestra vida tendremos que dibujar una línea en la arena, y cuando el enemigo se aproxime a la línea, mucho antes de que la cruce, automáticamente entraremos en estado de combate. Nuestro destino y nuestros valores deben ser protegidos en todo momento.

En la película *Annapolis*, estrenada en el 2006, Jake Huard, un recluta engreído de la Academia Naval, es confrontado y desafiado en su esfuerzo por convertirse en un oficial de la Marina de Estados Unidos. Su principal adversario, el Lugarteniente Cole, era un guardia marino, despiadado e inflexible en sus expectativas sobre Jake. A diferencia de otros oficiales de la academia, Cole era un infante de marina fogueado en la batalla. En una de sus confrontaciones, el Lugarteniente Cole le dice a Jake: "Novato, tu solo estás jugando a ser soldado, como la mayoría de los oficiales aquí en la Academia, pero yo he sido un soldado. Yo he estado en un combate real".[1] Esta fuerte declaración nos ayuda a comprender la diferencia entre teoría y práctica, entre concepto y realidad, y entre jugar a ser un guerrero de rodillas y ser un guerrero de rodillas verdadero.

La misión del intercesor

De la misma forma en que los SEAL de la Marina están siempre listos ante la posibilidad de ser desplegados, los guerreros de rodillas deben estar atentos para recibir su asignación. Luego de que los miembros del SEAL son informados de su misión, en sus corazones se mezclan la ansiedad y la adrenalina a medida que se enfocan en el día del despliegue. Los intercesores comparten esos mismos sentimientos encontrados. Sin embargo, su valor se mantiene intacto, porque reconocen la importancia de su rol en la guerra espiritual por las almas de los hombres. Ezequiel le recordó al pueblo de Israel su misión y la necesidad de interceder ante Dios cuando profetizó: "Busqué entre ellos alguno que levantara un muro y se pusiera en pie en la brecha delante de mí a favor de la tierra, para que yo no la destruyera, pero no lo hallé" (Ez. 22:30, LBLA).

El papel de la intercesión

Como siempre, Dios estaba en la búsqueda de alguien que quisiera ser un soldado y no de alguien que simplemente quisiera jugar a ser soldado. Él buscaba un intercesor que se situara delante de Él. Más adelante en este capítulo aprenderemos que una de las funciones de un intercesor es representar a Dios ante la gente.

Para comprender la función de la representación y la defensa espirituales, veamos cómo se pone esto en práctica en dos porciones de las Escrituras. En primer lugar, en el libro de Isaías se utiliza el término en la búsqueda de la justicia en favor de otros: "Vio que no había nadie, y se asombró de que no hubiera quien *intercediera*. Entonces su brazo le trajo salvación, y su justicia le sostuvo" (Is. 59:16, LBLA, itálicas añadidas). Dios notó que los seres humanos no teníamos un representante o abogado que solicitara justicia a nuestro favor. Por eso, en su sabiduría, envió a Jesús para que fuera nuestro defensor. El papel de un intercesor es muy similar al de un abogado. El trabajo del abogado es representar a su cliente ante el tribunal para defenderlo en su nombre.

Una de las funciones de un intercesor es representar a Dios ante la gente.

En segundo lugar, Dios estaba enojado con su pueblo y no estaba dispuesto a escucharlo, por eso le dijo a Jeremías: "Pero en cuanto a ti, Jeremías, no *intercedas* por este pueblo. No me ruegues ni me supliques por ellos. No me insistas, porque no te escucharé" (Jer. 7:16, itálicas añadidas). Aquí vemos que el propósito de la intercesión es actuar como un intermediario o un representante de las personas ante Dios.

Las modalidades de la intercesión

Debemos examinar detenidamente la función del intercesor, para entender cómo quiere Dios que cumplamos esa función en nuestra vida. Yo he descubierto que cuando estoy en una intercesión profunda, mis oraciones pueden tener tres modalidades, que son notablemente diferentes entre sí. Cuando oro, estoy luchando, estoy razonando o estoy dando a luz algo.

Los intercesores luchan

Algunas veces estoy abogando por las necesidades de alguien, pero siento una fuerte oposición. Durante esos momentos la oración se dificulta; carece de ritmo y fluidez, muy opuesto a lo que se experimenta durante la dulce comunión con Dios. Siento que estoy luchando con el enemigo de mi alma y busco la ayuda de Dios. Esta imagen se asemeja a la descripción de Pablo de cómo Epafras luchó en oración para que el pueblo de Colosas se sometiera a la voluntad de Dios (Col. 4:12–13). Pablo de hecho usó la palabra *lucha* para describir la forma en que Epafras intentó derrocar los poderes de las tinieblas que estaban obrando para debilitar la confianza, la certidumbre y la garantía del cumplimiento de la voluntad de Dios en la vida del pueblo. Este modo de intercesión está en el centro de la guerra espiritual. Esto es el combate espiritual.

Esta fase de la intercesión debe caracterizarse por la persistencia. Se debe mantener el rumbo en la oración presentando diariamente el problema o la preocupación delante de Dios. Así como Pablo oró tres veces para que Dios le quitara la espina que lo atormentaba (2 Co. 12:8), debemos permanecer vigilantes en oración hasta que el asunto se resuelva o hasta que Dios nos diga que no hagamos más nada. A. B. Simpson, el fundador de la denominación Alianza Cristiana Misionera, expresó: "La mejor regla en cuanto a la oración, es orar hasta que entendamos qué es lo que Dios desea [para ese problema], y obtener suficiente luz, dirección y tranquilidad para satisfacer nuestro corazón [...]. Tan pronto como se experimente esta certeza, debemos dejar de orar, y en adelante todo debería ser alabanza".[2]

Intercesores que razonan

Otras veces, cuando estoy intercediendo, siento como si estuviera razonando con Dios. Después de haber terminado mi maestría en ingeniería, no lograba encontrar un trabajo en mi campo. Sentía que estaba desperdiciando mi ingenio en trabajos mal pagados de baja categoría. Le dije a Dios que yo estaba preparado para hacer lo que Él quisiera que hiciera. Razonaba en voz alta en oración: "Señor, si tú quieres verme trabajando en esta fábrica de espaguetis por el resto de mi vida, lo haré y no me quejaré más. Pero dime lo que quieres de mí. Solo quiero agradarte". Yo sabía que me estaba conectando con Dios de una manera profunda y significativa. Él tenía mi corazón y yo tenía el suyo. Quería hacer su voluntad por encima de mi satisfacción o mi propio placer. Y Él sabía, por la forma en que razonaba con Él en oración, que su voluntad sería totalmente aceptada por mí. Esta fue la forma en que Abraham oró cuando intercedió por las ciudades de Sodoma y Gomorra (Gn. 18:22–33). Él razonó con Dios y pidió que no destruyera la ciudad si tan solo diez personas justas vivían allí.

Así como Pablo oró tres veces para que Dios le quitara la espina que lo atormentaba (2 Co. 12:8), debemos permanecer vigilantes en oración hasta que el asunto se resuelva o hasta que Dios nos diga que no hagamos más nada.

En esta modalidad de intercesión, Abraham razonó con Dios exclusivamente sobre la base de la palabra y el carácter de Dios. Dijo: "No se enoje mi Señor, pero permítame hablar una vez más. Tal vez se encuentren solo diez. 'Aun por esos diez no la destruiré', respondió el Señor por última vez" (v. 32). La intercesión de Abraham fue como el razonamiento de un abogado con un juez en favor de su cliente. Del mismo modo, cuando nos involucremos en este modo de oración, busquemos una cita de las Escrituras que indique claramente la manera de actuar, el carácter o la personalidad de Dios y razonemos con Él en función de esa sola premisa.

Intercesores que "dan a luz"

La tercera forma de intercesión es la de "dar a luz". Durante este tipo de sesión de oración siento que debo dar a luz una promesa de Dios. El profeta Isaías usa una mujer con dolores de parto como una ilustración de dar a luz una promesa de Dios (Is. 66:8). Cuando oro de este modo, siento que llevo en mi corazón una de las promesas de Dios, y que se requiere trabajo y fatiga para que esta sea liberada del cielo. Mi oración es como una mujer pujando para dar a luz a un bebé.

La función de la intercesión

Independientemente de la modalidad de intercesión, al intercesor le corresponden funciones y deberes específicos en su capacidad intercesora. Entendámoslos, y así nos sentiremos más cómodos y seremos más efectivos en nuestra misión de representar a las personas delante de Dios.

Los intercesores son precursores

Marlinda y yo fundamos la Christ Church con apenas seis personas más. Yo apenas tenía veinticuatro años y trabajaba a tiempo completo como ingeniero ambiental y a medio tiempo como pastor. Aquellos primeros años fueron difíciles. Yo trataba de hacer malabares con las responsabilidades que conllevaban tanto mi trabajo diario como mi pasión. Tuve que batallar con asuntos espirituales y emocionales mientras la iglesia se desarrollaba. Después de unos tres años, solo promediábamos entre veinte y veinticinco personas por semana en los servicios de adoración. Empecé a luchar con la pregunta: ¿Estoy verdaderamente llamado a ser pastor? Me sentía tambaleando al borde del fracaso. La situación me inquietaba de manera particular, porque nunca había fracasado en nada en mi vida, pero este asunto del pastoreo se estaba llevando lo mejor de mí. Esa noche tenía programado reunirme con Loretta Taylor, una compañera de oración, para un momento de intercesión.

Loretta, que desde entonces partió para reunirse con el Señor, era una ministra de edad avanzada que había servido durante veinticinco o treinta años. Nos conocimos gracias a un amigo en común alrededor de un año antes, y ella me adoptó como su hijo espiritual. Me vi obligado a jugar ese papel básicamente porque era un pastor inexperto, un esposo joven y un nuevo padre. Orábamos juntos habitualmente y nos hicimos buenos amigos.

Una noche, mientras conducía a casa de Loretta, mi mente se consumía con la idea de que era un fracaso como pastor. Razonaba que lo mejor que podía hacer por la congregación era dejarla. Pero ni siquiera a Marlinda le había comentado sobre mis luchas. Me sentía demasiado avergonzado.

Cuando llegué, saludé a Loretta con una sonrisa y todos los gestos superficiales que dan la sensación de que "todo está bien". Yo era demasiado inmaduro como para ser sincero con ella o con cualquier otra persona; incluso con as que podrían ayudarme. Antes de que comenzáramos a orar, y para mi sorpresa, Loretta había preparado una pequeña ceremonia de lavamiento de los pies. Fuera de la vista, detrás del sofá, había una jarra de agua, una toalla y un recipiente para introducir mis pies. Por supuesto, yo conocía el rito del lavamiento de los pies descrito en el capítulo 13 de Juan, pero nunca había estado del lado receptor en esa experiencia. Me sentí realmente incómodo. Sin embargo, me quité los zapatos y los calcetines y enrollé las botas de mis pantalones como me dijo.

Loretta me comentó que iba a lavar mis pies como un símbolo de servicio y liberación. Yo la escuchaba. Cuando vertió el agua sobre mis pies, comenzó a orar. Y no fue cualquier oración. Fue una oración llena de pasión, como solo un intercesor experimentado la puede realizar. Las palabras salieron desde lo más profundo de su alma. A medida que escuchaba su oración, entendí que Dios le había dicho algo sobre mí, y que estaba ahora representándome delante de Dios. El Señor le había revelado el secreto de mi corazón a esta guerrera de rodillas. Ella sabía que yo estaba luchando en secreto con la idea de dejar el ministerio porque me sentía fracasado.

Los intercesores deben tener autoridad moral y ejemplificarla. Son precursores del arrepentimiento, la confesión del pecado, y todo lo que sea necesario para convertir los corazones de las personas al Señor.

Ella comenzó a orar para que Dios destruyera cada pensamiento de fracaso que el enemigo había plantado en mi mente y en mi corazón. A medida que oraba, las lágrimas comenzaron a brotar desde lo más profundo de mí ser, y caían en el cubo de agua. Algo se estaba rompiendo en mi vida. Loretta había sido una precursora en la intimidad espiritual. Ella continuó orando por mi liberación, y yo seguía llorando. Cuando dejó de verter el agua y comenzó a secar mis pies, yo sabía que nunca volvería a ser el mismo.

Esa noche aprendí por experiencia propia que los intercesores son precursores. Loretta me hizo regresar en oración al plan y propósito original de Dios para mi vida, porque ella misma disfrutaba vivir bajo la certeza de la voluntad de Dios para la suya. Han transcurrido veintidós años desde que esas oraciones liberaron mi alma, y honestamente puedo decir que, desde entonces, nunca más he luchado con ideas de fracaso. Tampoco he vuelto a dudar de mi vocación como pastor.

Al igual que Ezequiel, Loretta demostró el papel de un intercesor desplegado en combate. Los intercesores levantan muros, lo que significa que restablecen las relaciones rotas entre Dios y las personas. Dios pronuncia la frase: "Alguno que levantara un muro", en el apogeo de su búsqueda de un líder, un influencia moral, un precursor de la justicia. Dios buscaba "un hombre", un líder o un precursor que "levantara el muro" (ver Ez. 22:30). Pero el Señor no tuvo éxito. No encontró a nadie con la capacidad y la disposición para ayudar a cambiar la marea de corrupción de la nación. El erudito hebreo Frank E. Gaebelein, comenta en relación a este versículo: "El contexto indica que no se halló una persona dispuesta a tomar el liderazgo y dirigir a la nación a una confesión y, en consecuencia, a una vida de justicia que permitiera aplacar la ira de Dios".[3] Los intercesores deben tener autoridad moral y ejemplificarla. Son precursores del arrepentimiento, la confesión del pecado, y todo lo que sea necesario para convertir los corazones de las personas hacia el Señor.

Levantar el muro indicaba restaurar la relación y la conexión del pueblo con el Dios todopoderoso. Si un intercesor va a orar por otros y porque su ciudad se vuelva al Señor, entonces ese intercesor debe estar verdaderamente disfrutando de las bendiciones que la justicia produce en la vida de un guerrero de Cristo. Nuestro poder en la oración proviene de tener una relación correcta con Dios. Y esto solo es posible *cuando* disfrutamos del dulce aroma de la confesión y el perfume del arrepentimiento *nos* está impregnando siempre. Estos elementos son la base para la intimidad con Dios y para el disfrute de su poder. E. M. Bounds escribió: "Los hombres que han reflejado fielmente el carácter de Cristo y que han logrado con ello transformar poderosamente al mundo, son hombres que han pasado mucho tiempo con Dios y han hecho de eso una característica notoria en sus vidas".[4]

Se supone que el trabajo del intercesor debe transformar el mundo positivamente, por lo tanto, el intercesor debe verse a sí mismo como un precursor de los deseos de Dios. Los intercesores deben haber disfrutado y seguir disfrutando de las bendiciones de Dios, para que puedan orar solicitando aquellos que, por experiencia propia, saben que es buenas para todos. El intercesor debe ser capaz de llevar a otros a la presencia de Dios, independientemente de cuán lejos se encuentren de Él en ese momento.

La tarea del intercesor es cerrar las aberturas, reparar las brechas y tapar los agujeros que puedan existir en la relación de las personas con Dios.

Los intercesores son representantes

Ezequiel profetizó que Dios había estado buscando a alguien que "se pusiera en pie en la brecha" delante de él (ver Ez. 22:30). La palabra brecha en este versículo significa "zanja" o "abertura". Esta palabra se encuentra también en la reprensión que Ezequiel dirigió a los profetas por su mal comportamiento: "No han ocupado su lugar en las *brechas*, ni han reparado los muros del pueblo de Israel, para que en el día del Señor se mantenga firme en la batalla" (Eze. 13:5, itálicas añadidas). La palabra denota una abertura que no se ha cerrado, una brecha que no ha sido reparada o un agujero que no se ha sellado.

La tarea del intercesor es cerrar las aberturas, reparar las brechas y tapar los agujeros que puedan existir en la relación de la gente con Dios. Para ello, el intercesor debe representar al pueblo ante Dios y representar a Dios ante el pueblo. Los intercesores son representantes. Deben conocer los desafíos de las personas para poder clamar a Dios y ser escuchados. Esto dará lugar a su transformación. Al mismo tiempo, los intercesores claman para que las personas escuchen y obedezcan a Dios. Esto último incluye la petición del intercesor para que Dios envíe pastores a ministrarles. Esos pastores enseñarán al pueblo cómo transitar en los caminos del Señor.

La intercesión de Abraham por Sodoma es un maravilloso ejemplo de cómo un intercesor actúa como representante del pueblo delante de Dios y de Dios ante el pueblo. Esa función de representación dual está plasmada en las siguientes palabras:

> "Entonces el Señor dijo: '¿Le ocultaré a Abraham lo que estoy por hacer? Es un hecho que Abraham se convertirá en una nación grande y poderosa, y en él serán bendecidas todas las naciones de la tierra [...]'. Entonces el Señor dijo: 'El clamor contra Sodoma y Gomorra resulta ya insoportable, y su pecado es gravísimo. Por eso bajaré, a ver si realmente sus acciones son tan malas como el clamor contra ellas me lo indica; y si no, he de saberlo'".
>
> —Génesis 18:17–18, 20–21

Dios le presentó su queja a Abraham. Le expresó su descontento por la pecaminosidad de Sodoma y Gomorra. Estas ciudades habían llegado a un punto que ameritaba la intervención drástica de parte de Dios. Dios abiertamente confesó que Él mismo se ocuparía de sancionar su comportamiento temerario, pero compartió la etapa inicial de su investigación con Abraham. Todas las palabras de Dios sugieren que Abraham en ese momento actuó como su representante. En otras palabras, Dios le estaba diciendo: "Abraham, juzga lo que estoy pensando hacer. Déjame escuchar lo que piensas".

Más adelante se nos dice: "Pero Abraham se quedó de pie frente al Señor" (v. 22). Allí, en la presencia de Dios, Abraham ahora representa al pueblo. El razonó que Dios no debía destruir la ciudad si vivían en ella cincuenta personas justas. El contrapunteo entre Abraham y Dios en este diálogo de intercesión, nos muestra cómo un intercesor ha de discutir un caso delante de Dios. Debemos pedirle al Señor que contenga su ira. Los soldados son desplegados en la batalla para preservar más vidas que las que se pierden. Los intercesores cumplen su tarea con el mismo objetivo. Estamos involucrados en la tarea de resguardar vidas, solicitando la intervención, la protección y la misericordia de Dios en la vida de las personas.

Los intercesores defienden la tierra

Los intercesores tienen la tarea de defender la tierra. Ezequiel indicó que Dios estaba buscando a alguien que pudiera *mantenerse en pie en la brecha, delante de Él, en favor de la tierra*. Cuando los intercesores actúan reclamando el cumplimiento de las promesas de

Dios, están defendiendo la integridad de la nación por la que oran. En la profecía de Jeremías: "Buscad la paz y la prosperidad de la ciudad a la que yo los he llevado" (Jer. 29:7), se comprende mejor lo que significa defender la tierra. El país en el vivimos y oramos debería estar agradecido porque nos hemos desplegado para defenderlo como intercesores. La defensa se hace evidente cuando el nivel de paz aumenta en esa nación, debido a que hemos mantenido el compromiso de orar por ella.

La función de defensa, también se hace evidente cuando el nivel de prosperidad económica de la nación mejora como resultado de sus oraciones. La mentalidad de los guerreros de rodillas no puede ser igual a la de los civiles. Nosotros no estamos discutiendo sobre política, aun cuando deberíamos mantenernos informados. No debemos abogar por partidos en nuestra intercesión. Nuestro interés se centra en la defensa de la tierra, de toda la tierra. Eso significa que nos preocupamos por los demócratas, por los republicanos y los por independientes en honor a Dios, porque sus necesidades sean satisfechas, y tengan la oportunidad de recibir a Cristo.

Como pastor soy perfectamente consciente de que algunos de los miembros de mi congregación son Demócratas, mientras que otros son Republicanos, y otros más son Independientes. Si públicamente me inclinara por alguna de esas corrientes políticas, dividiría mi congregación y al hacerlo aislaría a otros grupos de mi ministerio. Mi función es servir a todos los miembros e invitarlos a seguirme, como yo sigo a Cristo. Lo mismo ocurre con los intercesores. Nuestra responsabilidad no es con el Presidente, ni con nuestro partido político, es con el Dios todopoderoso, para que interceda por el bienestar de toda la nación. Si honramos a Dios de la manera en que Él nos lo pide, entonces el Presidente y todos los partidos políticos estarán felices de tenernos como ciudadanos de esta gran nación. C. H. Spurgeon dijo en cierta oportunidad: "El hombre que es poderoso en la oración puede ser una pared de fuego alrededor de su país, su ángel de la guarda y su escudo".[5]

Hace varios años estaba tratando el tema de la *visión* en una conferencia sobre liderazgo en Nigeria, cuando un ministro enojado me interrumpió con estas palabras: "Americano, lo que nosotros necesitamos no es visión. ¡Es dinero! ¡Nosotros tenemos visión!". Este hombre estaba tan fuera de control, que interrumpió mi sermón. Entonces le dije en voz alta: "Su problema no es el dinero, porque la visión trae consigo la provisión. Su problema es que usted no ama a su país. Desde que visito este lugar, no he escuchado a un solo pastor nigeriano decir algo positivo de Nigeria. La Biblia enseña que nosotros debemos buscar la paz y la prosperidad de la nación en la que vivimos". Para mi asombro, tanto él, como una gran parte de los cientos de pastores que se encontraban en la reunión, se postraron sobre sus rostros delante de Dios en señal de arrepentimiento por su violación al mandato divino de ser "guardianes de la nación" en la tarea de procurar su paz, su prosperidad y su transformación.

La esfera en la que debemos desplegarnos dependerá de cuáles son las inquietudes que agobian nuestra alma.

Los intercesores se mantienen vigilantes

El despliegue como intercesores se produce cuando ocupamos un puesto en el muro como centinelas. En los tiempos bíblicos, los centinelas, al igual que los guardias de seguridad de hoy, eran asignados para garantizar que ningún intruso intentara penetrar en la ciudad. La palabra centinela viene a ser como una metáfora de un intercesor. Isaías usó esa imagen cuando profetizó: "Jerusalén, sobre tus muros he puesto centinelas que nunca callarán, ni de día ni de noche. Ustedes, los que invocan al Señor, no se den descanso; ni tampoco lo dejen descansar, hasta que restablezca a Jerusalén y la convierta en la alabanza de la tierra" (Is. 62:6–7).

Nuestro trabajo consiste en mantener vigilancia espiritual sobre las acciones, pensamientos o prácticas que intenten apartarnos de la devoción y del plan original de Dios para nosotros. El alcance de nuestras responsabilidades no es únicamente nacional; también puede ser regional o local. La esfera en la que debemos desplegarnos dependerá de cuáles son las inquietudes que agobian nuestra alma. Dios coloca inquietudes en cada uno de nuestros corazones mientras nos mantengamos receptivos al Espíritu Santo.

Si nuestra principal área de intercesión está focalizada en nuestra ciudad, invirtamos tiempo recorriéndola con el propósito de orar por ella. Intercedamos por nuestros líderes políticos y empresarios, así como por otras personalidades importantes, para que sus vidas puedan ser equilibradas y emocionalmente saludables. Ser centinelas de nuestra ciudad incluye resguardar a nuestros líderes con oración, para que no se susciten escándalos u otras irregularidades que ocasionarían daños irreparables en la calidad de vida de los ciudadanos. Pidámosle a Dios que levante líderes espirituales que se preocupen por resguardar a todos los ciudadanos de nuestra ciudad. Todo el mundo quiere ser amado y cuidado de la mejor manera posible. El trabajo del centinela es orar por las necesidades de las personas que se encuentran dentro de su esfera intercesora, para que les resulte fácil aceptar y seguir a Jesucristo.

Pablo describe la actitud de un intercesor cuando hace referencia a Epafras:

> "Les manda saludos Epafras, que es uno de ustedes. Este siervo de Cristo Jesús está siempre luchando en oración por ustedes, para que, plenamente convencidos, se mantengan firmes, cumpliendo en todo la voluntad de Dios. A mí me consta que él se preocupa mucho por ustedes y por los que están en Laodicea y en Hierápolis".
>
> —COLOSENSES 4:12,13

Epafras se mantenía vigilante de las almas de aquellos que residían en las ciudades de Colosas, Laodicea y Hierápolis. Él se preocupaba por ellos. Mientras vigilaba, se percataba de sus necesidades específicas y entonces trabajaba en oración para que esas necesidades fueran satisfechas. No quería que la gente confrontara problemas de incertidumbre en cuanto a la voluntad de Dios, ni que permanecieran inmaduros espiritualmente. Esas necesidades particulares lo mantenían enfocado en la oración.

Cuando velemos por una ciudad o una familia, debemos esforzarnos en conocer sus debilidades y necesidades emocionales. Si las necesidades de las personas no son canalizadas adecuadamente, ellas harán casi cualquier cosa, incluso pecar, en un intento por satisfacer sus intensos anhelos y carencias.

Podemos discernir nuestra misión si tenemos claras dos cosas: ¿Qué es lo que más rechazamos? ¿Qué es lo que más anhelamos?

Comprendamos el despliegue

Hay diferentes tipos de intercesores, así como hay diferentes tipos de profetas. Todos debemos descubrir *cómo* obra el Espíritu Santo en nosotros y *qué* nos ha llamado a hacer. El *cómo* y el *qué* varían de persona a persona. Una misión no es mejor que la otra. Son solo diferentes. Ambas son necesarias. Si intentamos tomar la carta de despliegue de otra persona como si fuera nuestra, seguramente sobrevendrán fracasos y frustraciones.

¿Podríamos imaginar a Elías viviendo en el palacio de Babilonia en lugar de Daniel? Yo no podría, dada la personalidad, los gestos y el estilo profético de Elías. Elías era un hombre rudo que comía alimentos provistos por cuervos, bebía agua de los arroyos, hacía descender fuego sobre los sacrificios como prueba de autoridad espiritual y mataba a los falsos profetas que engañaban al pueblo. Daniel, por el contrario, era un hombre preparado, que sabía desenvolverse en los salones de los poderosos y tenía habilidades para la administración de los asuntos de gobierno. Ambos fueron poderosos a su manera. Los dos fueron fuertes en la oración y el ayuno. Sin embargo, no se puede negar que sus misiones fueron distintas.

Nosotros podemos discernir nuestra misión si tenemos claras dos cosas. Para ello debemos responder dos preguntas que nos ayudarán a identificar el tipo de despliegue intercesor que Dios espera de nosotros. Primero: ¿Qué es lo que más rechazamos? Y segundo: ¿Qué es lo que más anhelamos?

¿Qué es lo que más rechazamos?

El Espíritu Santo obra a través de nuestros sentimientos, emociones y deseos. Los sentimientos de rechazo suelen ser bastante fuertes. Epafras rechazaba la incertidumbre y el ver a las personas tambaleándose a causa de su inmadurez espiritual. El objetivo central de su intercesión era que todos se conformaran a la voluntad de Dios (Col. 4:12–13). Pablo dijo: "Este siervo de Cristo Jesús está *siempre* luchando en oración por ustedes, para que, plenamente convencidos, se mantengan firmes, cumpliendo en todo la voluntad de Dios" (v. 12, itálicas añadidas). El rechazo a la incertidumbre y la ambivalencia espiritual determinó el enfoque habitual de las oraciones de Epafras.

No quiero decir con esto que el único motivo de oración de Epafras era la necesidad de que las personas fueran cimentadas en los caminos del Señor. Reconozco que su despliegue como intercesor lo motivó a ayudar a que otros dentro de la región a vencer la inestabilidad, y por eso se enfocó en orar para que la gente se cimentara en la voluntad de Dios. Es necesario reflexionar en el tema de lo que más rechazamos, porque eso puede orientarnos a descubrir cuál es nuestra misión en cuanto a la oración.

¿Qué es lo que más anhelamos?

Al apóstol Juan le encantaba ver a las personas viviendo en intimidad con Dios. A él generalmente se le conoce como el apóstol del amor. En el Evangelio de Juan leemos que en una oportunidad él se recostó en Jesús de manera afectiva (Jn. 13:25). Además, el Evangelio de Juan es el único que registra el acto íntimo del lavamiento de los pies. A lo largo de sus tres cartas. Primera, Segunda y Tercera de Juan, este apóstol invierte una cantidad considerable de tiempo ayudando a otros a vencer obstáculos para lograr una intimidad espiritual con Dios. En su preocupación por que aprendieran a confesar sus pecados a Dios (1 Jn. 1:9), de que evitaran las ataduras del mundo (1 Jn. 2:15), o porque practicaran el perdón (1 Jn. 3:18–20), se evidencia que el apóstol Juan anhelaba que todos tuvieran una experiencia íntima con Dios.

Su ministerio de oración estaba centrado en ayudar a los demás a confiar en Dios (1 Jn. 5:14–15). Esta es la mayor prueba de una experiencia espiritual íntima. Si sabemos que hemos sido aceptados por Dios, entonces nuestra vida le agrada. Juan se esforzaba por ver vidas que complacieran a Dios en su experiencia de intercesión. Por eso enseñó: "Si alguno ve a su hermano cometer un pecado que no lleva a la muerte, ore por él y Dios le dará vida" (1 Jn. 5:16).

Preguntémonos: "¿Qué es lo que más anhelo?". Nuestra respuesta nos ayudará a ir afinando cada aspecto en el que debemos invertir nuestro tiempo de intercesión. Podríamos descubrir cuán dotados hemos sido para obtener resultados maravillosos por las oraciones respondidas en cada punto particular.

En su libro *Revival Praying*, Leonard Ravenhill registra una oración que le escuchó a una enfermera en una de sus reuniones de oración de mitad de semana. Esa oración lo impresionó tremendamente porque representaba una solicitud tácita de su propio corazón. La registró textualmente con estas palabras: "Señor, no quiero llevar las cargas que otros coloquen sobre mí, ni las cargas que el enemigo coloque sobre mí, ni las cargas que la iglesia quiera poner sobre mí, ni siquiera mis propias cargas. Yo solo quiero llevar las cargas que tú coloques sobre mí".[6]

Esta oración resume la perspectiva de despliegue que un guerrero de rodillas debe tener para mantener el rumbo apropiado para el desarrollo de su vida de intercesión. Solo las cargas genuinas del Señor pueden mantenernos enfocados en la oración. Esta misión nos hace levantarse temprano en la mañana para buscar el rostro de nuestro amado Padre, o nos mantendrá velando y orando hasta tarde en la noche. Esforcémonos por descubrir la carga exacta que Dios ha puesto en nuestro corazón. Al hacerlo, sentiremos una pasión incontenible por cumplir las órdenes que él nos ha señalado en nuestra carta de despliegue.

Capítulo 9

EL LEGADO DE UN GUERRERO DE RODILLAS

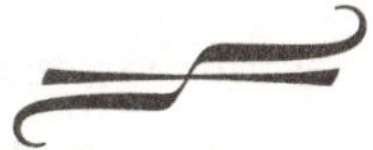

LA CHRIST CHURCH ES UNA CONGREGACIÓN CON dos sedes, a las que nos referimos como Campus Este y Campus Oeste. Si bien resultó relativamente fácil adquirir el Campus Este, una catedral histórica ubicada en el municipio metropolitano de Montclait, Nueva Jersey; asegurar el Campus Oeste fue una experiencia larga y complicada. Cada paso en el proceso tuvo que recibir un baño de oraciones debido a los múltiples obstáculos, barreras y complicaciones que debimos superar.

Situado a unas veinticinco millas de nuestro Campus Este, nuestra segunda ubicación en Rockaway, Nueva Jersey, cuenta con tres grandes edificios que totalizan un área de casi veintiocho mil metros cuadrados, en más de cuarenta pintorescas hectáreas. Con solo entrar en la propiedad se siente ambiente de serenidad, lleno de frondosos árboles y senderos floreados, engalanados con el idílico espectáculo que ofrecen conejos, venados y otras formas de vida silvestre.

Como notará estoy muy orgulloso de esta propiedad, pero mi orgullo no se debe a su tamaño o grandeza. Esta propiedad es un monumento a la gracia de Dios y a los muchos años de oración persistente por parte de la congregación. Es un legado derivado de las oraciones de nuestros guerreros de rodillas.

Para asegurar la propiedad fue necesario sufrir dolores de cabeza legales durante casi cuatro años, que oscilaron desde audiencias municipales y amenazas de expropiarnos el lugar, hasta presentar una demanda en contra del municipio, así como muchos otros obstáculos complicados y costosos. Aunque los habitantes del municipio Rockaway son maravillosos, la idea de que se instalara una gran iglesia en su pequeña comunidad produjo mucho miedo y ansiedad. Así que una pequeña facción luchó vigorosamente contra nosotros a cada paso.

Los medios de comunicación hicieron fiesta. Hubo por lo menos doscientos artículos de prensa escritos por reporteros de periódicos nacionales como el *New York Times,* así como por reporteros de periódicos locales como *The Daily Record*. Durante esa temporada, los reporteros asistían a los servicios solo para husmear la forma en que yo dirigía la congregación y los tipos de sermones que predicaba. Tuvimos que sobrellevar un sinfín de controversias, incluyendo acusaciones infundadas contra la Christ Church y contra mi persona, presentadas por grupos adversos a través de los medios de comunicación. Mientras lidiaba con todo eso, debía además hacerle frente a la amplia gama de desafíos asociada al pastoreo de una congregación en crecimiento.

No hace falta decir que me encontraba bajo un enorme y aparentemente implacable ataque espiritual. Si alguna vez experimenté la agonía de la guerra espiritual fue en ese momento. Las audiencias públicas se prolongaron durante más de tres años, en lugar de los seis meses que típicamente consumiría un trámite como el nuestro. Y luego de recibir la aprobación, la lucha se extendió por tres años adicionales. En total, estuvimos atravesando la espesa niebla de la adquisición del Campus Oeste durante casi seis años.

Siempre se obtienen premios al ganar la batalla, incluso en la guerra espiritual.

Ahora cada semana, cuando predico desde su púlpito, conozco de primera mano lo que la oración nos puede legar. A través de la intercesión, nuestra iglesia fue capaz de establecer un legado vivo y duradero para la próxima generación de seguidores de Cristo, gracias al poder de la oración.

Constructores de legados

Todo guerrero quiere regresar de la batalla con el botín de guerra. Siempre se obtienen premios al ganar la batalla, incluso en la guerra espiritual. Cuando fue acusado de echar fuera demonios por el poder de Belcebú, el príncipe de los demonios, Jesús cuestionó a sus acusadores: "¿Cómo puede entrar alguien en la casa de un hombre fuerte y *arrebatarle sus bienes*, a menos que primero lo ate? Solo entonces podrá *robar su casa*" (Mt. 12:29, itálicas añadidas). Jesús enseñó que parte del legado de un guerrero de rodillas, son las posesiones que logra extraer del campamento enemigo. Este guerrero le roba a Satanás sus bienes más preciados: las almas de los hombres. El botín de intercesión también incluye las promesas de Dios que se hacen realidad a través de la oración.

Los guerreros de rodillas se ven a sí mismos como constructores de legados. Existen cinco características que distinguen a un constructor de legados. Cada característica motiva al intercesor a mantener el rumbo de la oración.

1. Los constructores de legados se enfocan.
2. Los constructores de legados se rodean de estímulos.
3. Los constructores de legados se consideran esenciales.
4. Los constructores de legados tienen una misión.
5. Los constructores de legados se preocupan por su legado.

Los constructores de legados se enfocan

El llamado a permanecer vigilantes en la oración es a veces difícil de seguir. Existen muchas distracciones tanto naturales como espirituales. Aprender a mantenernos enfocados en el resultado que se desea obtener de la oración es lo que hace plausible esta vigilancia. ¿Cuál es la petición de oración? ¿Qué tan importante es recibir la respuesta de Dios? Estas interrogantes deben formar parte del diálogo interno de los guerreros de rodillas.

El trece de noviembre de 2009, Omar Oyarebu, un miembro de mi congregación de origen nigeriano, recibió una llamada inquietante de un miembro de su familia. Su padre, el Dr. Kenneth Oyarebu, un médico residenciado en Estados unidos, había sido secuestrado mientras se encontraba de visita en el Estado de Edo, Nigeria. Los secuestradores amenazaban con matarlo a menos que se les pagara el precio que exigían por el rescate. Aparte de recurrir a Dios, Omar no sabía qué más hacer, por lo que contactó a la Upper Room Community, el grupo de oración intercesora de nuestra iglesia. Cuando él les contó la historia, este experimentado grupo de guerreros de rodillas presentó la emergencia ante el trono de Dios. Su petición tenía un enfoque singular: "Señor, devuelve al Dr. Oyarebu a su familia sin daño alguno y en una forma milagrosa". Continuaron orando durante la noche, por esta y otras peticiones.

El botín de intercesión también incluye las promesas de Dios que se hacen realidad a través de la oración.

Nuestros intercesores se mantuvieron esa semana enfocados en presentar esta emergencia ante el Señor, incluso durante sus horas de oración personal. Omar y su familia ya habían comenzado a hacer los arreglos para pagar el rescate, aun cuando tenían la esperanza de que ocurriera un milagro. Mientras su tío estaba preparando la entrega del rescate, recibió una llamada informándole que el Dr. Oyarebu había escapado milagrosamente. El dinero no fue entregado.[1]

Cuando la Upper Room Community se enteró de la noticia, los guerreros dieron un grito de alabanza a Dios. La respuesta llegó mientras permanecieron enfocados en la oración. Los legados ocurren cuando los intercesores se mantienen enfocados en la recompensa que esperan obtener a través de la oración.

LOS CONSTRUCTORES DE LEGADOS SE RODEAN DE ESTÍMULOS

La mayoría de los intercesores libran la batalla en privado. A diferencia de la predicación, el canto u otras formas de ministerio espiritual, la oración suele realizarse en forma aislada y a puerta cerrada. No hay multitudes. No hay alguien que lo felicite o que le ofrezca "chocar esos cinco" por sus logros en la oración. El único que lo oye es Dios, a quien no puede ver.

Esto significa que necesitamos rodearnos de estímulos para evitar tocar la campana. Tal vez por eso es que tantos tocan la campana, se quitan el casco y se unen a la sociedad de los no oradores. Yo hago cuatro cosas para alentarme a mí mismo en la oración. Son acciones que me motivan a mantener el rumbo de la oración, de manera que pueda producir los legados.

En primer lugar, nutro mi biblioteca con buenos libros sobre el tema de la oración, como el libro *Discursos a mis estudiantes* de C. H. Spurgeon. He leído por lo menos diez veces el capítulo "La oración privada del predicador", en ese libro. Cada vez que lo leo me siento animado a orar más y a cultivar la disciplina de la oración en mi vida. Otro de mis favoritos es el libro de Leonard Ravenhill, *Revival Praying.* Este pequeño libro ha sido mi amigo durante las temporadas de sequía que he experimentado en mi vida y mi ministerio. A través de las palabras de este libro, Ravenhill frecuentemente me ha dicho: "Mantén el rumbo. Mantén vivo el fuego y disfrutarás de las llamas del avivamiento".

Los libros son motivadores, especialmente aquellos escritos por personas que han vivido una vida de oración. Cuando uno lee el libro de Norman P. Grubb, titulado simplemente *Intercesor*, sobre la vida de Rees Howells, no quedan dudas de que este hombre era un intercesor. Él comía, dormía y vivía orando a Dios.

Los buenos libros sobre la oración han sido mis amigos. Sus palabras le han susurrado ánimo a mi alma. Han sido lo que fueron Aarón y Hur para Moisés, levantando mis brazos cuando estos desfallecieron bajo el peso del desánimo. Espero que usted considere este libro, y otros similares, como sus verdaderos amigos.

Segundo, las ocasiones en que mi alma ha estado sedienta de Dios, se han constituido en una importante motivación para orar. Al igual que el rey David, muchas noches lloré mientras oraba: "Oh Dios, tú eres mi Dios; yo te busco intensamente. Mi alma tiene sed de ti" (Sal. 63:1). He encontrado que la oración es una de las vías más efectivas para recibir un sorbo fresco del agua de la salvación. Cuando oro para que Dios me revele su voluntad y sus caminos, me siento motivado a orar más. Mi desesperación por Dios me estimula a permanecer hambriento espiritualmente.

Tercero, me siento motivado cuando me enfoco en

las bendiciones que recibirán las personas por quienes he orado. Las oraciones respondidas me estimulan a seguir orando. Me siento animado cuando veo que las pruebas, las dificultades y los problemas se alejan de las personas por quienes he trabajado en oración. El hecho de que Dios haya ayudado a quienes de otro modo habrían sido aplastados bajo el peso de las crisis, me mantiene entusiasmado con la oración.

Cuarto, me rodeo de las biografías y los testimonios de intercesores históricos. Estos guerreros de rodillas conocidos solo en las páginas de la historia, tanto bíblica como contemporánea, me han animado más allá de lo que pueda imaginar por sus hazañas en la oración. Mi deseo de ser un intercesor en mi generación es un testimonio de sus legados. Guerreros de rodillas como Martin Lutero, Robert Murray M'Cheyne, el "Padre" Daniel Nash, Amanda Smith, E. M. Bounds, y personajes bíblicos como Epafras y Daniel han sido de gran motivación para mí. Al igual que el autor de Hebreos, puedo decir de todo corazón: "Por tanto, también nosotros, que estamos rodeados de una multitud tan grande de testigos, despojémonos del lastre que nos estorba, en especial del pecado que nos asedia, y corramos con perseverancia la carrera que tenemos por delante" (Heb. 12:1).

Estos intercesores históricos de los que me he rodeado, han sido una fuente continua de estímulo para mis propios intentos de desarrollarme como un hombre de oración. Estos cuatro aspectos se han constituido en una gran fuente de aliento para mantener una vida de intercesión.

Los constructores de legados se consideran esenciales

Nuestra nación, como la mayoría de las naciones del mundo, se vuelve extremadamente religiosa en tiempos de crisis nacional. Supongo que ese tipo de respuesta es normal en la naturaleza humana. Durante esos momentos críticos generalmente se busca a las personas de oración. Pero una vez que el impulso repentino de la tragedia pasa, los no creyentes tienden a esperar que las personas de mentalidad espiritual se retiren a sus propios mundos privados, hasta la próxima vez que se les necesite "realmente". Esta es la triste realidad que enfrentamos en nuestra sociedad caída, que en circunstancias normales se ofende cuando se menciona el nombre de Dios o de Jesús en los espacios y lugares públicos.

Para seguir la ruta que conduce a la construcción de un legado, debemos asumir el hecho de que, como guerreros de rodillas, somos esenciales para esta generación. Los intercesores son necesarios. No son opcionales. ¿Qué habría logrado Charles Finney, el gran evangelista norteamericano del siglo XIX, sin el trabajo intercesor de Padre Daniel Nash? La predicación evangelística de Finney durante ese siglo condujo a más de medio millón de personas a Cristo.

El Padre Nash emergió de un frío estado de apostasía para tomar el manto de la oración. Él fue un precursor de las campañas de Finney. Su función fue localizar un lugar humilde de alojamiento para pasar allí unos días presentando delante de Dios las almas de las personas de esa ciudad, que se convertirían como resultado de la predicación de Finney. Este papel esencial del Padre Nash fue invisible y anónimo, pero a través de sus esfuerzos de ayuno y oración cientos de miles llegaron a conocer a Cristo como su Salvador.

Ann E. Brown, una de las poderosas intercesoras en la Christ Church, con frecuencia relata su historia sobre el papel que la oración cumplió en la obra de llevar a toda su familia a Cristo. A principios de la década de los ochenta, al igual que muchas familias norteamericanas, Ann estaba experimentando situaciones dolorosas en su matrimonio. Ella y Arnold se habían separado y era incierto lo que el futuro les depararía a ellos y a sus tres hijos. Ann aceptó a Cristo durante ese calvario y experimentó un espíritu de oración. Ella no podía dejar de interceder por la salvación de su esposo y sus hijos, dos de los cuales eran adictos a las drogas. Arnold era dueño de una tienda de licores y un bar en un lugar sórdido de la ciudad. La situación parecía sombría, casi fuera de los límites del poder transformador de la gracia de Dios. Pero Ann aprendió que nada es imposible para Dios. Ella sabía que si Dios no obraba un milagro, no habría posibilidad de que su familia fuera sanada y restaurada. Así que hizo de la oración una parte esencial de su vida.

**Los intercesores son necesarios.
No son opcionales.**

Como solo Dios podía hacerlo, el matrimonio fue sanado y Arnold aceptó a Cristo. De hecho, recuerdo el día en que comenzó a asistir a la Christ Church y la forma como Dios lo transformó poderosamente a través de una profecía personal que hice sobre su vida.

Vi ante mis ojos a un hombre rendirse a los deseos de Dios. Era un poderoso espectáculo de humillación. Arnold vendió su bar y su tienda de licores y se vendió a sí mismo a Jesús.

Ann siguió orando por sus hijos y Arnold se unió a ella en oración. Los dos hijos que eran adictos fueron liberados de las drogas, aunque a través de una larga estancia en un centro cristiano de rehabilitación. Hoy en día los tres hijos están sirviendo al Señor poderosamente. Ann y Arnold Brown han sido miembros de la Christ Church durante más de veinte años, y son dos de los diáconos más dedicados en nuestro ministerio. También son los directores de un grupo de apoyo cristiano llamado Grupo de Vencedores, dirigido a ayudar a las personas a liberarse de la esclavitud del abuso de sustancias, y otros comportamientos adictivos.

Cuando Ann habla sobre el maravilloso poder de la oración, lo hace desde lo más profundo de su ser. Esta intercesora sabe, sin una sombra de duda, que su papel y su trabajo de oración son esenciales y trata de inculcar esta misma convicción en los demás.

Los constructores de legados tienen una misión

Nosotros servimos a un Dios de misiones. Él *envió* a su Hijo con la misión de morir por nuestros pecados. Alan Hirsch nos anima a hablar de Dios como un "Dios misionero".[2] Sus acciones y deseos emergen de un claro sentido de propósito y misión. Jesús continuó en la misma línea llamándonos a ser un pueblo con una misión. Dijo: "Vayan por todo el mundo y anuncien las buenas nuevas".

A nosotros se nos encomendó esta misión que solo cesa con la muerte; por lo que a los intercesores les corresponde enfocarse en la misión de orar y orar.

Jesús también dejó claro el enfoque misionero que tendría su Iglesia en los últimos tiempos, cuando apasionadamente expresó: "Mi casa será llamada casa de oración para todas las naciones" (Mr. 11:17). A nosotros se nos ha encomendado la misión de construir la casa del Señor sobre el fundamento de la oración. Y debemos asegurarnos de que su iglesia funcione siempre de acuerdo a ese mismo principio. Cuando decidí esforzarme por cumplir este mandato, rápidamente descubrí que no puedo ayudar a otros a desarrollar una vida de oración si yo mismo no la estoy experimentando. La antigua y trillada frase resulta ser exacta una vez más: "Practica lo que predicas".

Los guerreros de rodillas reconocen que el peso misionero de la Gran Comisión (Mt. 28:19–20) es básicamente evangelístico, mientras que la tarea de la Comisión de Oración (Mr. 11:17) requiere de discipulado. Ambas responsabilidades solo pueden cumplirse si se ven como objetivos a ser incluidos en nuestro deseo de dejar un legado para la próxima generación. Un legado es algo valioso transmitido desde el pasado. El compromiso de la Comisión de Oración es establecer la Iglesia como una casa de oración en nuestra generación *y* dejarla como un legado para las generaciones futuras.

A nosotros se nos ha encomendado la misión de construir la casa del Señor sobre el fundamento de la oración.

Judas 1:3 dice: "Sigan luchando vigorosamente por la fe encomendada una vez por todas a los santos". La palabra *vigorosamente* sugiere que es necesario que la guerra espiritual se adhiera al objetivo misionero de la Comisión de Oración. Satanás no va a quedarse de brazos cruzados viendo como nosotros, sin esfuerzo, formamos intercesores fuertes que a su vez construirán fácilmente fuertes casas de oración. Las cosas no van a suceder de esa manera.

Los grandes intercesores son grandes en su vida de oración personal y porque han hecho una contribución significativa para ayudar a desarrollar esa misma calidad de intercesión en otros.

Antes, por el contrario, debemos luchar y esforzarnos por preservar el legado de oración que nos dejó la iglesia primitiva. Y debemos proteger ese legado para que podamos entregárselo a la próxima generación. Ese objetivo solo se podrá alcanzar cuando los guerreros de rodillas reconozcan que uno de los cinco componentes de su legado es entender la oración como una actividad misionera, y no simplemente como un sistema para comunicarnos con Dios. El reconocido autor Stephen Covey, resalta el valor de tener un legado en la dimensión espiritual de la vida cuando escribe:

> "Hay ciertas cosas que son fundamentales para la realización humana [...] La esencia de esas necesidades es captada en la frase 'vivir, amar, aprender, dejar un legado'. La

> necesidad de vivir es nuestra necesidad *física* de cosas como alimento, ropa, vivienda, bienestar económico, salud. La necesidad de amar es nuestra necesidad *social* de relacionarnos con otras personas, de pertenecer, de amar y de ser amados. La necesidad de aprender es nuestra necesidad *mental* de desarrollarnos y crecer. Y la necesidad de dejar un legado es nuestra necesidad *espiritual* de encontrarle sentido a la vida, tener un propósito, congruencia personal, y hacer una contribución".[3]

Los grandes intercesores son grandes en su vida de oración personal *y* porque han hecho una contribución significativa para ayudar a desarrollar esa misma calidad de intercesión en otros. Los constructores de legados se preocupan por los demás. Cuando William Booth, el fundador del Ejército de Salvación, estaba en su lecho de muerte, se le concedió la generosa oportunidad de enviar gratuitamente un telegrama, el principal medio de comunicación de larga distancia para la época, a los miembros del Ejército de Salvación en todo el mundo. Booth pensó unos segundos y luego garabateó su mensaje en un pedazo de papel. Para sorpresa del operador, había solo una palabra en el papel. Era la palabra *otros*.[4] El general Booth quiso mantener a los salvacionistas, como se les llamaba en aquellos días, completamente enfocados en la misión de considerar a los demás como su principal objetivo. Esa es la palabra que quiero destacar para que sea tenida en cuenta por quienes desean dejar una herencia moral. Pensemos en los demás. Sintámonos comprometido con la misión de dejar un legado de oración.

Los constructores de legados se preocupan por el legado

Billy Graham dijo en cierta oportunidad: "Nuestros días están contados. Uno de los principales objetivos de nuestra vida debería ser prepararnos para el último día. Deberíamos dejar un legado, no solo en nuestras posesiones, sino en la calidad de nuestras vidas. ¿Qué preparativos deberíamos estar haciendo ahora? El mayor desperdicio en toda la tierra, que no puede ser reciclado ni regenerado, es el desperdicio del tiempo que Dios nos ha dado cada día".[5] Estas palabras son verdaderas, y me exhortan fuertemente a optimizar el uso de mi tiempo, no solo en los asuntos terrenales, sino también en los celestiales.

Los guerreros de rodillas hacen historia, ya que proporcionan a otros una contribución más valiosa que el dinero. Spurgeon señala: "A cierto predicador, cuyos sermones fueron el medio de conversión de muchas personas, le fue revelado por el cielo que ninguna de esas conversiones se debió a su talento o elocuencia, sino a las oraciones de un hermano iletrado que se sentaba en los escalones del púlpito suplicando todo el tiempo por el éxito de su sermón".[6] Este héroe anónimo pasaba incontables horas orando por la eficacia del predicador, porque valoraba la oración y se preocupaba por el legado que se puede obtener de ella.

Esta quinta característica de un constructor de legados es fundamental para formar y cambiar el mundo a través de la oración. Nuestro legado garantiza un futuro de esperanza para las generaciones venideras. Uno de los sonidos más dulces que puede escuchar un corazón atribulado son las palabras de un guerrero de rodillas: "Estoy orando por ti". Con estas palabras Jesús tranquilizó a Simón Pedro cuando le comentó que Satanás deseaba zarandearlo como al trigo. El Maestro le dijo: "Pero yo he orado por ti, para que no falle tu fe" (Lc. 22:32). La oración de Jesús moldeó el futuro de Pedro. Es nuestra oportunidad ahora darle forma al futuro de otros, a través de nuestras oraciones.

Debemos diseñar un plan para la construcción del legado, de modo que el valor de la oración sea transmitido de forma segura a la próxima generación. Cuando Elías le transmitió a Eliseo el valor y la unción como profeta, él analizó primero cómo podría transferir ese valioso legado.

Hubo varios elementos destacables en el proceso. En primer lugar, Elías hizo un avalúo de lo que Dios le había dado. Tener el privilegio de hablar con Dios era algo que no tenía precio. Esto le permitió vivir numerosas experiencias únicas, como profetizar que Dios permitiría una sequía nacional y luego haría descender fuego del cielo, en un esfuerzo divino por estimular el avivamiento espiritual de la nación (1 R. 18). Segundo, Elías se tomó el tiempo necesario para desarrollar el ministerio del don profético en los profetas incipientes, a través de la formación de una escuela para profetas (2 R. 2:1–9). No podemos presumir de estar cuidando el ministerio de intercesión y la forma como este debe ser transmitido a la próxima generación a menos que, personalmente, dediquemos tiempo a inculcar ese valor en otros. Quizá nosotros no comencemos una escuela de oración, pero sí deberíamos, cada vez que se presente la oportunidad, actuar como mentores o guías de otros en la guerra espiritual.

Solo hacemos un uso eficaz del tiempo cuando lo valoramos. Una vez participé en una conferencia con unos cuantos veteranos que valoraban la oración y la intimidad con Dios. Uno de los hombres se estaba alojando en la casa del pastor titular en lugar de un hotel. El pastor era conocido por su habitual impuntualidad. Antes del inicio de cada servicio se dedicaba un tiempo a un servicio previo de oración. Como de costumbre, el pastor salió retrasado de su casa con su invitado. Llegaron minutos antes de que comenzara el servicio, pero se perdieron el servicio de oración. El anciano, indignado, le dijo al pastor: "¡En cincuenta años de ministerio nunca había perdido un servicio previo de oración, excepto hoy, por causa suya!". ¡Qué maravilloso testimonio de la forma en que este diestro guerrero de rodillas se preocupaba por la oración! Igualmente importante fue el pobre testimonio de un pastor descuidado en el uso de su tiempo, lo cual se hizo evidente en su escasa valoración de la oración.

La tercera reflexión que quiero hacer sobre la forma en que Elías transmitió su legado a Eliseo, es que Elías se aseguró de que la pasión estuviera presente en su protegido antes de proceder a confiarle su don invaluable. Cuando Eliseo le comunicó a Elías que la razón que lo motivaba a mantenerse tan cerca de él durante los últimos días era su anhelo de heredar una doble porción de su espíritu, Elías le respondió exactamente con estas palabras: "Has pedido algo difícil [...] pero si logras verme cuando me separen de tu lado, te será concedido; de lo contrario, no" (2 R. 2:10). La pasión que Elías buscó en Eliseo antes de concederle una doble porción de la unción, era la pasión por Dios, la pasión por el pueblo de Dios, y la pasión por desempeñar el oficio de profeta de una manera ejemplar.

El escrutinio que Elías le hizo a Eliseo en esos momentos previos a su partida sobrenatural hacia el cielo, reflejaba un cuidado genuino de su legado. Con un celo similar, Pablo instruyó al joven Timoteo: "Lo que me has oído decir en presencia de muchos testigos, encomiéndalo a creyentes dignos de confianza, que a su vez estén capacitados para enseñar a otros" (2 Tim. 2:2).

La pasión que Elías buscó en Eliseo, antes de concederle una doble porción de la unción, era la pasión por Dios, la pasión por el pueblo de Dios, y la pasión por desempeñar el oficio de profeta de una manera ejemplar.

Debemos cuidar celosamente nuestro legado y transmitirlo únicamente a personas confiables. Me refiero a personas que atesorarán esa herencia espiritual y en el momento indicado la transmitirán a otros. El Arzobispo Desmond Tutu, en su libro *God Has a Dream*, escribió: "Nada hay fuera de Dios que logre satisfacer nuestra hambre de lo divino. Ni siquiera el éxito. Esto se debe a que cualquier otra cosa a la que le entreguemos nuestra lealtad: dinero, fama, drogas, sexo, o lo que sea; se convierte en cenizas en nuestras bocas".[7] Nuestra lealtad absoluta debería ser para Cristo y su llamado misionero para nuestra vida, que incluye transmitir el legado de la oración a otros.

Notas

Introducción

1. Charles H. Spurgeon, "A Lecture for Little-Faith", in *Faith in All Its Splendor* (N. p.: Sovereign Grace Publishers, 2006), p. 11. Visto en Google Books.

2. C. S. Lewis, *Christian Reflections* (Grand Rapids, MI: Wm. B. Eerdmans Publishing, 1994), p. 33. Visto en Google Books.

3. Citado en Philip M. Taylor, *Global Communications, International Affairs and the Media Since 1945* (Nueva York: Routledge, 1997), p. 170. Visto en Google Books.

4. John Bunyan, *El progreso del peregrino* (© 2013 Whitaker House). Visto en Google Books.

Capítulo 1
Cómo se hace un guerrero de rodillas

1. Citado en John Maxwell, *Talent Is Never Enough* (Nashville: Thomas Nelson Inc., 2007), pp. 140–141. Visto en Google Books.

2. Andrew Bonar, *Robert Murray M'Cheyne* (Carlisle, PA: The Banner of Truth Trust, 1960), p. 16.

3. Leonard Ravenhill, *Revival Praying* (Minneapolis, MN: Bethany House Publishers, 1984), p. 59.

4. Jessie Penn-Lewis con Evan Roberts, *War on the Saints*, 9ª ed. (Nueva York: Thomas E. Lowe Ltd., 1994), p. 264. Visto en Google Books.

5. NavySEALS.com, "SEAL Ethos", http://navyseals.com/ns-overview/seal-ethos/ (consultado en línea el 11 de febrero de 2013).

Capítulo 2
¡No toque la campana!

1. Mark Kennan, "How to Calculate Velocity in a Fall", Ehow.com, http://www.ehow.com/how_8102428_calculate-velocity-fall.html (consultado en línea el 11 de febrero de 2013).

2. Citado en Spurgeon, "A Lecture for Little-Faith", en *Faith in All Its Splendor*, p. 11.

3. Desmond Tutu, *Dios tiene un sueño* (Bogotá: Grupo Editorial Norma, 2004), p. 2. Visto en Google Books.

4. Jennifer Rosenberg, "The War Is Over… Please Come Out", 20th Century History, About.com, http://history1900s.about.com/od/worldwarii/a/soldiersurr.htm (consultado en línea el 12 de febrero de 2013).

Capítulo 3
La vida del guerrero

1. Citado en European Graduate School, "Augustine of Hippo—Quotes", http://www.egs.edu/library/augustine-of-hippo/quotes/ (consultado en línea el 13 de febrero de 2013).

2. Charles H. Spurgeon, *Spurgeon's Sermons*, t. 2 (1856) (N. p.: CCEL). Visto en Google Books.

3. Priscilla Shirer, *He Speaks to Me: Preparing to Hear From God* (Chicago: Moody Publishers, 2006), p. 14.

4. A. W. Tozer, *The Pursuit of God* (N. p.: WLC, 2009), p. 12.

5. Kenneth Wuest, *Word Studies From the Greek New Testament*, t. 3 (Grand Rapids, MI: Wm. B. Eerdmans Publishing, 2002), p. 800.

6. E. M. Bounds, *E. M. Bounds on Prayer* (New Kensington, PA: Whitaker House, 1997), pp. 35–36.

7. C. H. Spurgeon, *Discursos a mis estudiantes* (Editorial Imagen, 1950), p. 35. Visto en Google Books.

8. Ole Hallesby, *Prayer* (Minneapolis, MN: Augsburg Fortress, 1994), p. 91.

9. C. S. Lewis, *The Screwtape Letters* (Old Tappan, NJ: Fleming H. Revell, Co., 1976).

10. Dick Eastman, *The Hour That Changes the World* (Grand Rapids, MI: Chosen Books, 2007), p. 21.

Capítulo 4
Las armas de un guerrero de rodillas

1. Colin L. Powell, *My American Journey* (New York: Random House, 1995), p. 20.

2. *Ibíd.*, p. 34.

3. Citado en R. T. Kendall, *In Pursuit of His Glory* (Lake Mary, FL: Charisma House, 2004), p. 21.

Capítulo 5
Bienvenido a la escuela de oración

1. C. S. Lewis, *The Problem of Pain*, en *The Complete C. S. Lewis Signature Classics* (San Francisco: HarperSanFrancisco, 2002), p. 406.

2. Dick Eastman, *No Easy Road* (Grand Rapids, MI: Chosen Books, 2003).

3. Charles G. Finney, *Lectures on Revivals of Religion* (Nueva York: Leavitt, Lord, and Co., 1835), p. 83. Visto en Google Books.

4. Flavius Josephus, *Antiquities of the Jews*, book 5, http://www.biblestudytools.com/history/flavius-josephus/antiquities-jews/book-5/chapter-10.html (consultado en línea el 15 de febrero de 2013).

Capítulo 6
El arte de la guerra espiritual

1. John Maxwell, *Be a People Person* (Colorado Springs, CO: David C. Cook, 2007), p. 164.

2. ThinkExist.com, "George Matthew Adams Quotes", http://thinkexist.com/quotation/there_are_high_spots_in_all_of_our_lives_and_most/207343.html (consultado en línea el 15 de febrero de 2013).

CAPÍTULO 7
LA COMPENETRACIÓN DE LOS GUERREROS

1. C. Peter Wagner, *Church Growth: State of the Art* (Carol Stream, IL: Tyndale House Publishers, 1986), p. 53.

2. *Vincent's Word Studies in the New Testament*, base de datos electrónica. Derechos reservados © 1997 por Biblesoft, s. v. "*elegchos*".

3. Mac Pier y Katie Sweeting, *The Power of a City at Prayer* (Downers Grove, IL: InterVarsity Press, 2002), p. 68.

4. Andrew Murray, *The Ministry of Intercession* (N. p.: BiblioLife, LLC, 2009), p. 106.

CAPÍTULO 8
¡ES HORA DE DESPLEGARSE!

1. *Annapolis*, dirigida por Justin Lin (2006; Hollywood, CA: Touchstone Pictures, 2006), DVD.

2. A. E. Thompson, *A. B. Simpson: His Life and Work* (N. p.: Christian Publications, 1960), p. 188.

3. Frank E. Gaebelein, ed., *The Expositor's Bible Commentary*, t. 6 (Grand Rapids, MI: Zondervan, 1986), p. 850.

4. E. M. Bounds, *Power Through Prayer* (Nueva York: Cosimo Classics, 2007), p. 54.

5. Spurgeon, *Lectures to My Students*, p. 75.

6. Leonard Ravenhill, *Revival Praying* (Bloomington, MN: Bethany House Publishers, 1962, 2005), p. 79.

Capítulo 9
El legado de un guerrero de rodillas

1. Gabriel Enogholase, "US-Based Doctor Kidnapped in Edo", *Vanguard*, 17 de noviembre de 2009, http://www.vanguardngr.com/2009/11/us-based-doctor-kidnapped-in-edo/ (consultado en línea el 20 de febrero de 2013); Morrison Hayble, "Trad Ruler Flays Police Over High Rate of Kidnappings", *Nigerian Observer*, http://www.nigerianobservernews.com/26012010/news/insideedo/indexnews6.html (consultado en línea el 20 de febrero de 2013).

2. Alan Hirsch, *The Forgotten Ways* (Grand Rapids, MI: Brazos Press, 2006), p. 129.

3. Stephen R. Covey, A. Roger Merrill, y Rebecca R. Merrill, *First Things First* (Nueva York: Free Press, 1994), pp. 44–45. Visto en Google Books.

4. "Grad Speech Promotes 'Others'", *Central Connection*, t. 37, nº. 10, octubre de 2007, p. 9; http://www.usc.salvationarmy.org/usc/cc/CenConnOct07.pdf (consultado en línea el 20 de febrero de 2013).

5. Billy Graham, *Hope for a Troubled Heart* (Nashville: Thomas Nelson, 2011), p. 179. Visto en Google Books.

6. Spurgeon, *Lectures to My Students*, p. 74.

7. Tutu, *God Has a Dream*, p. 34.

EQUÍPATE CON EL ARMA MÁS PODEROSA

CARACTERÍSTICAS Y BENEFICIOS

- Versión Reina-Valera 1960 (la versión de la Biblia más leída en español).
- Incluye materiales adicionales de estudio, escritos por más de veinte líderes y autores cristianos de renombre.
- Provee información práctica para prepararte y equiparte en la guerra espiritual.
- Contiene herramientas de entrenamiento para la guerra espiritual, tanto para el estudio individual así como para grupos pequeños.
- Incluye referencias y mapas a color.

La ***Biblia para la guerra espiritual***, te ayudará a prepararte y equiparte como un guerrero espiritual

ADQUIÉRELA EN CUALQUIER TIENDA DE LIBROS

11489A